新編 生命の實相 第41巻

教育実践篇

人間を作る法

㊦

谷口雅春

Masaharu Taniguchi

光明思想社

編者はしがき

本書「教育実践篇」下巻は、三篇の座談会筆記で構成されている。それぞれ「芸術教育」「宗教教育」「生命の教育の実践」についてがテーマであるが、本書「はしがき」には次のように述べられている。

「（本書は）道徳教育のやり方をはじめとして、早教育、芸術教育、宗教教育、その他、書道、茶道、華道等の技術の習得、修練《しゅうれん》、その向上などについて、その道の専門家の口をとおして、実際の対談形式をとって説かしめたものである」

第一の「芸術教育についての座談会」は、彫刻家で現在の日展の前身である帝展審査員を務め、生長の家のマークの制作者でもある山根八春氏、同じく彫刻家で生長の家の神像の制作者でもある服部仁郎氏、同じく彫刻家の片岡環氏など錚々《そうそう》たる芸術家が集まった座談会である。

生長の家立教当時から、特に東京を中心に多くの芸術家が集まり、月刊誌「生命の藝術」も発行されていた。その輪の中心にいたのが山根八春氏や服部仁郎氏であり、画家の松本竣介氏、遅れて洋画家の林武氏も加わった。第一線で活躍する芸術家達が谷口雅春先生の教えに共鳴し、その許に参集した。後年、昭和四十一年には生長の家芸術家連盟として組織的な活動にまで発展した。

この座談会では、谷口雅春先生が司会者を兼ねて、「芸術の技量や一般の勉強進度が早く進む急所はどこか」と問題提起をされる。それに対して、山根八春氏は「勉強ということについては生長の家の教《おしえ》を伺ってから後《のち》に、はっきりこんなことを思うようになりました。結局神と一体になることが勉強の一番早道のコツで、唯一の道であるというより外《ほか》ないということであります。そのことは、生長の家に入ります前に体験したことがみんな、あれもそうであったし、これもそうであったというようになってはっきりして来たのであります」（三～四頁）と応《こた》え、続いて服部仁郎氏も「覘《ねら》いどころと申しますと、私達がここに彫刻なら彫刻、画家なら画家になる一つの過程を経るために、いわゆる入学試験としての勉強をする時に少年達が考えなくてはならないのは、いわゆる入学することが目的か、彫刻なら彫刻をやることが目的か、その覘いどころは入学が目的でなく、やはり自分が彫刻なら彫刻をやることを目的に勉強するのだということが本当の覘いどころであると思うのです。これは外《ほか》の職業にも当て嵌《は》めて行くことが出来るかと思います」（六～七頁）と答えている。

さらに話題は「コツ」や「型」について進む。谷口雅春先生は「コツ」について次のように述べられる。

「手を取って、ココはこうと教わらないでコツを自得《じとく》するのは、とてもの天才であって、特殊の感受性をもっていて、剣道なら剣道の師匠の太刀筋《たちすじ》を唯《ただ》じっと見ているだけで以心伝心に自得する――こんな天才ばかりなら教育家も教育も要《い》らない。教育は、唯《ただ》見ているだけで自得《じとく》出来ないような凡人から天才的なものを引出《ひきだ》す術ですよ。飯炊《めした》きから一流の剣聖《けんせい》になった剣道の天才にしても唯《ただ》、飯《めし》を炊いているだけじゃないのであって、どこかへ行って柱を見附《みつ》けたり、木の木《ぼく》を吊り下げて、それを木剣《ぼっけん》で打つ、木がハネ返って自分の方へ向って来る、それを受ける、又打つというふうにして観《み》て来たところを実際に長年月修練《しゅうれん》して実際のコツを体得《たいとく》したのですよ。ところが単に見るだけで、そうしてそれも一週間に一遍一時間お手前拝見などといって見ているだけのことでは到底何のコツも得られないということになるのですよ。だから、最初大体のコツとか型とかを教えておいて、それを毎日修練させるようでないと何の芸道でも役に立たない」(三一～三二頁)

「形式というものに、無我に随《したが》う。無我になれば実相が出て来る。すると結局形式を出て今度は本当の自分の個性——個我を超越した、実相の個性というものが出て来るのでしょう。そこにつまり芸術の名域《めいいき》というか、名境《めいきょう》というのか、そこに達するのでしょうね」(五三頁)

次の「宗教教育についての座談会」では、女性評論家・社会活動家で著名な平塚らいてう女史、東京の香蘭女学校校長の井上仁吉氏が参加している。井上氏は「宗教的情操」を育てるためには、何事にも感謝する習慣を付けさせることが大切だと述べる。平塚氏は「個」と「全体」との融合の体験が宗教だと語る。それらの言葉を受けて、谷口雅春先生は、「『個』が本来孤立した存在でなく、全体に融《と》け込《こ》み、全体に関係してはじめて存在しているものであるという自覚から、自然に湧いて来る有難《ありがた》いという感じ、これが宗教的情操です。『天地一切のものに感謝せよ、皇恩《こうおん》に感謝せよ、父母《ちちはは》に感謝せよ、夫又は妻に感謝せよ』と生長の家の教《おしえ》にあるのがそれです」（一三〇頁）と答えられる。

第三の「生命の教育」座談会では、関西地方の小学校、中学校、高校、特別支援学校等の校長・教諭十七名による座談会である。昭和十年に「生命の教育」誌が創刊され、同時に「生長の家教育連盟」が結成された。現在の公益財団法人「新教育者連盟」の前身であるが、この座談会もそうした教育運動の一環として開催されたものと思われる。

この座談会では、卓球を通して教師と生徒との関係が深まり英語の成績が上がった話、子供の不登校を母親と本人の二人を諭《さと》して解決した話、絶対叱らない教育に徹した話、などの教育実践例が数多く報告されている。

以上、谷口雅春先生の「生命の教育」についての実際例と実践例がふんだんに紹介された三つの座談会は、今日の混迷する日本の教育の現状に大きな光明をもたらすことは疑いのないところである。

令和二年六月吉日

谷口雅春著作編纂委員会

はしがき

児童《じどう》に優秀《ゆうしゅう》健康児《けんこうじ》になってもらいたいのは、両親《りょうしん》の切《せつ》なる願《ねが》いである。しかもその願いはなかなか完全《かんぜん》には叶《かな》えられないのが現状《げんじょう》である。学校《がっこう》は鮨詰《すしづめ》教室《きょうしつ》であるし、日教組《にっきょうそ》の先生《せんせい》がたは教育者《きょういくしゃ》としての聖職《せいしょく》を忘れてみずから〝労働者《ろうどうしゃ》〟と称《しょう》しており、教師《きょうし》の真似《まね》をして、学業《がくぎょう》をストライキする生徒《せいと》も出てくる。「なぜ先生の言うことをきかないのか」と教師が生徒になじると、「先生だって文部省《もんぶしょう》の言うことをきかないじゃないか」と平然《へいぜん》と答《こた》える生徒がザラに出てきたという。この調子《ちょうし》では、子供《こども》はなかなか両親の

はしがき　頭注版第二十六巻の「はしがき」

鮨詰教室　すしを詰めた折箱のように、多くの生徒がすきまなく入った教室

日教組　昭和二十二年に結成された日本教職員組合の略称

聖職　神聖な職務。尊い職業

文部省　学術・教育・文化・学校などに関する国の行政機関。平成十三年に科学技術庁と統合され文部科学省となった

言うことをきかない。群馬県《ぐんまけん》のある女子高等学校《じょしこうとうがっこう》ではその卒業生《そつぎょうせい》が卒業式《そつぎょうしき》の答辞《とうじ》に「子供《こども》は親《おや》のものではありません。わたしたちは親のものではありません。したがって親に孝養《こうよう》を尽《つ》くす義務《ぎむ》も責任《せきにん》もないことをハッキリ知らしていただきました。これがこの学校《がっこう》で四年間《ねんかん》教育《きょういく》を受けた収穫《しゅうかく》であります。ありがとうございます」と感謝《かんしゃ》したという事実《じじつ》も伝えられている。

こういう危機《きき》に立たせられた日本《にっぽん》の教育はどこに理想《りそう》をもとめ、いかに教育技術《きょういくぎじゅつ》を用《もち》うべきであろうか。愛児《あいじ》をもつ父親《ちちおや》も母親《ははおや》もとまどうほかはないであろう。アメリカも日本《にっぽん》も不良児《ふりょうじ》の出現《しゅつげん》に困《こま》っているのである。アメリカ式教育法《しききょういくほう》の輸入《ゆにゅう》だけではどうにもならないのが現状《げんじょう》である。しかしソ連《れん》や中共《ちゅうきょう》の教育のように国家《こっか》がその社会主義的目的《しゃかいしゅぎてきもくてき》のために教育を強制《きょうせい》することも、戦争《せんそう》の反動《はんどう》で世界中《せかいじゅう》でいちばん自由奔放《じゆうほんぽう》にながれていっさいの統制《とうせい》を拒絶《きょぜつ》している日本《にっぽん》の教育界《きょういくかい》では実現《じつげん》の見込《みこ》みがないのである。そのようなときに本当《ほんとう》に効果《こうか》をあらわすのは、本書《ほんしょ》の説《と》く、児童《じどう》の「実相《じっそう》を観《み》

孝養　子が親を大切に世話すること

ソ連　一九一七年に建国され、一九九一年に解体した旧ソビエト社会主義共和国連邦の略称

中共　一九四九年に建国した中華人民共和国の略称

社会主義　生産手段を社会全体の共有とする社会制度を理想とする思想や運動

統制　指導したり制限を加えることにより、全体を一つにまとめておさめること

る教育《きょういく》」である。

「実相《じっそう》」とは児童《じどう》に宿《やど》る「生命《せいめい》の本質《ほんしつ》の完全《かんぜん》さ」である。その人《ひと》の「実相」を観《かん》ずれば、その人の完全さがあらわれるのである。わたしはかつて、ドストエフスキーの『白痴《はくち》』の映画《えいが》化を観《み》たことがあったが、無貞操無道徳《むていそうむどうとく》の女主人公《おんなしゅじんこう》ナスターシャに公爵《こうしゃく》ムイシキンが面接《めんせつ》して、「あなたは完全です」と言ってじっと彼女《かのじょ》を見つめると、彼女に宿る実相の完全さがあらわれて、ムイシキン公爵の前《まえ》では持《も》ち前《まえ》の〝あばずれ〟の姿《すがた》が消えてしまう。そして、公爵の純情《じゅんじょう》な求婚《きゅうこん》にもかかわらず「このような〝あばずれ〟が純情な公爵の生涯《しょうがい》を汚《けが》してはならない」と、かえって雪の中《なか》を馬車《ばしゃ》で、公爵の前から姿を消して行《ゆ》くのである。それは、「実相を観《かん》ずれば、いっさいの悪が面前《めんぜん》から消えてゆく」という真理《しんり》の象徴《しょうちょう》であるともいえるのである。こうしたわたしたちの教育法《きょういくほう》は関東《かんとう》医療《いりょう》少年院《しょうねんいん》でも採用《さいよう》されて、わたしたちの同志《どうし》が毎月《まいつき》関東医療少年院へ往《い》って、そこに収容《しゅうよう》されている少年《しょうねん》たちに

ドストエフスキー Fjodor Mihailovic Dostojevskij 一八二一～一八八一年。トルストイ、ツルゲーネフと並ぶ十九世紀後半のロシアを代表する小説家。代表作に『罪と罰』『白痴』などがある

『白痴』 一八六八年に発表された長編小説

無貞操 純潔を守らないこと。ふしだらなこと

関東医療少年院 東京都府中市にあった少年院。精神疾患などを持つ収容者に治療と教育を施した。平成三十一年四月に国際法務総合センターに統合された

講話《こうわ》をしたりして成果《せいか》をあげているし、わたしたちの練成道場《れんせいどうじょう》では少年院《しょうねんいん》から練成《れんせい》に送られてくる少年《しょうねん》で、実《じつ》に道徳性《どうとくせい》の高い立派《りっぱ》な人間《にんげん》に更生《こうせい》する実例《じつれい》を出しているので悦《よろこ》ばれているのである。いくぶん不良《ふりょう》じみていて、教《きょう》師《し》や父兄《ふけい》から持てあまされているような少年ですらも、この教育方法《きょういくほうほう》によれば、このように効果《こうか》があるのであるから、読者《とくしゃ》の家庭《かてい》にいられるような、普通《ふつう》の児童《じどう》であったら、すぐれた優良児《ゆうりょうじ》になること疑《うたが》いがないのである。

本書《ほんしょ》は、このような教育法《きょういくほう》の立場《たちば》から、近《ちか》ごろ問題《もんだい》になっている道徳教《どうとくきょう》育《いく》のやり方《かた》をはじめとして、早教育《そうきょういく》、芸術教育《げいじゅつきょういく》、宗教教育《しゅうきょうきょういく》、その他《た》、書道《しょどう》、茶道《さどう》、華道等《かどうとう》の技術《ぎじゅつ》の習得《しゅうとく》、修練《しゅうれん》、その向上《こうじょう》などについて、その道《みち》の専門家《せんもんか》の口をとおして、実際《じっさい》の対談形式《たいだんけいしき》をとって説《と》かしめたものである。

卒然《そつぜん》として本書からお読みになって、なおいっそう深く、この素晴《すば》らしい「人間《にんげん》の実相観入法《じっそうかんにゅうほう》」について知りたくなった方《かた》は、『生命《せいめい》の實相《じっそう》』第《だい》一巻《かん》、第二巻に収録《しゅうろく》してある總説篇《そうせつへん》、実相篇《じっそうへん》、光明篇等《こうみょうへんとう》を読んで、「人間の

練成道場　合宿形式で真理を研鑽する施設。生長の家の立教後まもなく著者の自宅に設けられた仮見真道場を端緒とする

更生　生まれかわること。立ち直ること

修練　人格、技術、学問などを磨き、きたえること

卒然　にわかに。突然

観入　心の眼で深く見とおすこと

『生命の實相』　著者の主著。昭和七年一月黒革表紙版が発行されてより各種各版が発行され、現在までに二千万部近くが発行されている

第一巻　本全集の底本である愛蔵版等の二十巻本第一巻の「総説篇・実相篇」。本全集では第一〜四巻

第二巻　愛蔵版等の二十巻本第二巻の「光明篇・生命篇」。本全集では第一・五・六・七巻

実相《じっそう》の完全《かんぜん》さ」というものについての理解《りかい》を深められれば、人生百般《じんせいひゃっぱん》の問題《もんだい》について、自由自在《じゆうじざい》の円熟境《えんじゅくきょう》に達《たっ》せられることも不可能《ふかのう》でないと信ずるものである。

昭和三十九年十一月十日

著者《ちょしゃ》しるす

人生百般　人生上に起こる様々なことがら

円熟境　知識や技能や人格などが充分に発達して豊かな内容をもった境地

はしがき

教育実践篇

人間を作る法（下）

目次

編者《へんじゃ》はしがき

はしがき

教育実践篇《きょういくじっせんへん》　人間《にんげん》を作《つく》る法《ほう》（下）

凡例

一、本全集は、昭和四十五年～昭和四十八年にわたって刊行された愛蔵版『生命の實相』全二十巻を底本とした。本書第四十一巻は、愛蔵版第十三巻『教育實踐篇』を底本とした。

一、本文中、底本である愛蔵版とその他の各種各版の間で異同がある箇所は、頭注版、初版革表紙版、黒布表紙版等を参照しながら確定稿を定めた。

一、底本は正漢字・歴史的仮名遣いであるが、本全集は、一部例外を除き、常用漢字・現代仮名遣いに改めた。

一、現在、代名詞、接続詞、助詞等で使用する場合、ほとんど用いられない漢字は平仮名に改めた。

一、本文中、誤植の疑いがある箇所は、頭注版、初版革表紙版、黒布表紙版等各種各版を参照しながら適宜改めた。

一、本文中、語句の意味や内容に関して註釈が必要と思われる箇所は、頭注版を参照しつつ脚註として註を加えた。但し、底本の本文中に括弧で註がある場合は、例外を除き、その箇所のままとした。

一、聖書、仏典等の引用に関しては、明らかに原典と異なる箇所以外は底本のままとした。

一、頭注版『生命の實相』全四十巻が広く流布している現状に鑑み、本書の章見出し、小見出しの下の脚註部分に頭注版の同箇所の巻数・頁数を表示し、読者の便宜を図った。

一、本文と引用文との行間は、読み易さを考慮して通常よりも広くした。

一、本文中に出てくる書籍名、雑誌名はすべて二重カギに統一した。

教育実践篇

人間《にんげん》を作る法《ほう》（下）

第十一章　芸術教育《げいじゅつきょういく》の神髄《しんずい》を語る

出席者——谷口雅春（司会者）、山根八春（彫刻家）、服部仁郎（彫刻家）、片岡環（彫刻家）、照井瀴三（音楽家）、野村義隆（海軍軍人）、辻村楠造（陸軍軍人）、中嶋與一（元総督府理事官）、立仙淳三（元女学校校長）、栗原保介（教育家）、吉田國太郎（教育家）、佐藤彬（文士を志す青年）、松本恒子（教育家）

頭注版㉖五九頁

神髄　最も重要で奥深い大切なことがら。「真髄」とも書く

山根八春　明治十九～昭和四十八年。彫刻家。帝国美術院展覧会審査員。生長の家の徽章の制作者

服部仁郎　明治二十八～昭和四十一年。彫刻家。著者の妻である谷口輝子ほか複数の信徒が霊視した神姿を再現して神像を制作した

片岡環　彫刻家。入信前の服部仁郎に『生命の實相』の分冊などを渡した

照井瀴三　声楽家。服部仁郎、栗原保介と共に『主婦之友』昭和十年五月号に体験が紹介された

野村義隆　生長の家草創期の信徒の一人。『生命の實相』全集にもたびたび登場する

勉強《べんきょう》の時《とき》に覘《ねら》うコツはないか

谷口《たにぐち》――私が司会《しかい》させて頂《いただ》きます。この席《せき》には芸術家《げいじゅつか》として優《すぐ》れた方《かた》がたくさんおられますので、この「勉強はどこを覘《ねら》うのが有効《ゆうこう》か」、その芸術家としてそういう達人《たつじん》になられるのにはどこかこの覘《ねら》われたところがあって、そう偉《えら》くなれない人《ひと》は覘《ねら》いどころがわるく中心《ちゅうしん》を外《はず》れているというふうなところがあるのだろうと思うのです。それで本当《ほんとう》にこの中心を良《よ》い工合《ぐあい》に覘《ねら》うということによって世《よ》の中《なか》の普通《ふつう》の人よりも早く芸術《げいじゅつ》が進歩《しんぽ》するとか或《あるい》は学術《がくじゅつ》が進むとかいうようなその急所《きゅうしょ》があると思うのですが、その点《てん》について山根先生《やまねせんせい》どうぞ一《ひと》つ話して下《くだ》さいませんか。

山根《やまね》――勉強ということについては生長《せいちょう》の家《いえ》の教《おしえ》を伺《うかが》ってから後《のち》に、はっきりこんなことを思うようになりました。結局《けっきょく》神と一体《いったい》になることが勉強

辻村楠造　文久二～昭和二十七年。宗教結社「教化団体生長の家」初代理事長。日露戦争時、遼東守備軍経理部長

中嶋與一　元生長の家本部總持。終戦時に重責を果たした田中静壹陸軍大将に伝道し、難病の治癒に導いた

立仙淳三　本全集第八巻「聖霊篇」上巻第一章等に詳しい

栗原保介　生長の家の講師及び理事を務めた。本全集第二十二巻「教育篇」三七頁等参照

吉田國太郎　明治四十三～昭和三十二年。昭和十年に生長の家本部に奉職。同二十一年に生長の家本部理事に就任

佐藤彬　芸術家達による雑誌『生命の藝術』を創刊。『法華經解釋』を著者と共に著した佐藤勝身の長男。洋画家松本竣介の兄

の一番早道《ばんはやみち》のコツで、唯一《ゆいいつ》の道《みち》であるというより外《ほか》ないということでありま
す。そのことは、生長《せいちょう》の家《いえ》に入《はい》ります前《まえ》に体験《たいけん》したことがみんな、あれも
そうであったし、これもそうであったというようになってはっきりして来《き》た
のであります。一例《れい》をいいますと、色々《いろいろ》な仕事《しごと》をする場合《ばあい》に頭痛《ずつう》がする時《とき》と
かお腹《なか》が痛《いた》むとかいうような時無理《むり》にでも仕事を続けておって、その仕事が
たまたま佳境《かきょう》に入《はい》ってくると頭痛もいつの間《ま》にか治《なお》っていて、腹の痛いのも
いつの間《ま》にか治《なお》っている。結局《けっきょく》仕事を一所懸命《いっしょけんめい》にすると体《からだ》の故障迄治《こしょうまでなお》って
くることを今《いま》から考えてみますと、一所懸命にやった功徳《くどく》によって神様《かみさま》が拝《おが》
まれて、つまり神の体《からだ》になってそれで病気《びょうき》が消えたのであります。それは副《ふく》
産物《さんぶつ》で、もとよりそんな時《とき》には上手下手《じょうずへた》は別《べつ》として神の入《はい》った作品《さくひん》が出来《でき》て
いるのであります。去年《きょねん》の春でございましたか、先生《せんせい》に宅《たく》へお出《い》で頂《いただ》いた時
のこと努力《どりょく》という問題《もんだい》が出たのでございますが、大体《だいたい》努力していると神と一《いっ》
体《たい》になることがよく得《え》られ易《やす》いように思います。神と一体になるのに色々方《ほう》

松本恒子 生長の家の婦人の集まり「白鳩会」の初代会長。月刊誌『白鳩』の編集を担当した

達人 学問や技芸に熟達した人

急所 物事の最も大事なところ。要点。要所

佳境 最も面白いところ。クライマックス

功徳 神仏の恵み。御利益(ごりやく)

副産物 ある物事にともなって起こる物事

法《ほう》もありましょうけれど、一所懸命《いっしょけんめい》努力《どりょく》している中《うち》に与えられることが今《いま》までの経験《けいけん》の中《なか》で一番《ばん》多いように思っております。それで努力ということが、結局《けっきょく》今の勉強《べんきょう》ということとくっついたものと思っておりますが、本当《ほんとう》の仕《し》事《ごと》をするには神と一体《いったい》にならなければ出来《でき》ない。上々《じょうじょう》の作品《さくひん》は神品《しんぴん》と昔《むかし》から申《もう》しますように神の業《わざ》である事《こと》が生長《せいちょう》の家《いえ》に入《はい》ってはっきり解《わか》りまして嬉《うれ》しく思います。生長の家に入《はい》っているいないにかかわらず、神品《しんぴん》の出来るのは生長の家の教《おしえ》の如《ごと》く神の御力《おちから》による事《こと》であります。生長の家にはいればこんなこと誰《たれ》にでもよく判《わか》るようになる事でございます。ただ大切《たいせつ》なことは仕事をする時この勉強の神髄《しんずい》を摑《つか》もうとて神と一体になろうとて、その神を追《お》い求《もと》めますと神が逃《に》げてしまいます。一向《ひたむき》に勉強努力する時、気のつかない時に神様が忽然《こつねん》と現《あらわ》れて来《き》ます。

谷口《たにぐち》――それでは山根先生《やまねせんせい》の、勉強はどこを覘《ねら》うということは神と一体になることを覘《ねら》うという事になると被仰《おっしゃ》るんですねえ。

神品　人間のなせる業とは思えないような高い品格をもった作品

忽然　にわかに

山根《やまね》――そうなんでございます。

谷口《たにぐち》――一《ひと》つ片岡先生《かたおかせんせい》。

片岡《かたおか》――山根先生《やまねせんせい》の被仰《おっしゃ》るとおり神と一体《いったい》になられるということ、そういうことは芸術家《げいじゅつか》の立場《たちば》としまして、自然《しぜん》と一体《いったい》になるというような言葉と相《あい》通《つう》じておると私等《わたしら》はそう信じておりまして、山根先生と至極《しごく》、同感《どうかん》でございます。

谷口――服部先生《はっとりせんせい》はどうです。

服部《はっとり》――私今日《こんにち》になって速達《そくたつ》を見ましてそれで飛んで来《き》ましたので、大体《だいたい》山根先生、片岡先生とは同一《どういつ》の意見《いけん》ですが、唯《た》だ私が親爺《おやじ》から覘《ねら》わされた覘《ねら》いどころというのは、「お前《まえ》が人間《にんげん》になるのなれば、何《なん》でもいい、いわゆる頭《かしら》になれ」ということをいわれたのです。頭《かしら》といえば生長《せいちょう》の家《いえ》を通《とお》していえば神になることだということもはっきりしています。ともかく覘《ねら》いどころと申《もう》しますと、私達《わたしたち》がここに彫刻《ちょうこく》なら彫刻、画家《がか》なら画家になる一《ひと》つの過程《かてい》

至極　きわめて。いたって

を経《へ》るために、いわゆる入学試験《にゅうがくしけん》としての勉強《べんきょう》をする時《とき》に少年達《しょうねんたち》が考えなくてはならないのは、いわゆる入学《にゅうがく》することが目的《もくてき》か、彫刻《ちょうこく》なら彫刻をやることが目的か、その覘《ねら》いどころは入学が目的でなく、やはり自分《じぶん》が彫刻なら彫刻をやることを目的に勉強するのだということが本当《ほんとう》の覘《ねら》いどころであると思うのです。これは外《ほか》の職業《しょくぎょう》にも当《あ》て嵌《は》めて行《ゆ》くことが出来《でき》るかと思います。

芸術制作《げいじゅつせいさく》の覘《ねら》いどころ

頭注版㉖六二頁

谷口《たにぐち》――それでは、彫刻家《ちょうこくか》ばかり三人《にん》の方《かた》にお伺《うかが》いしたのでしたが、彫刻家とか或《あるい》は画家《がか》とかいわれる方《かた》がですね、絵《え》を描《か》く時《とき》或《あるい》は彫刻するという時にですね、モデルがあると、それをじっと見詰《みつ》めておってそれをどこを覘《ねら》うかというようなことを聞きたいですがね。

服部《はっとり》——先輩《せんぱい》の山根先生《やまねせんせい》をさし措《お》いてですが、自分達《じぶんたち》がモデルを傭《やと》って来《き》まして——多く自分《じぶん》が教育《きょういく》されましたのは、自然《しぜん》を写《うつ》せという教育をうけたけれども、五官《ごかん》の感覚《かんかく》を通《とお》したままに自然を写したのでは自然でない、嘘《うそ》である、ということです。モデルなんか自分達が好《よ》いと思って傭《やと》って来《き》ましても、ちょっとその始《はじ》めの一日《にち》はガッカリすることがあります。ところがやはり神によって造《つく》られたものを私達《わたしたち》に示されるものと思いまして、それから二日《ふつか》、三日《みっか》モデルと一緒《いっしょ》にいて観《み》ていますと一体感《いったいかん》が得《え》られますので、あっちの欠点《けってん》こっちの欠点が善《ぜん》に変化《へんか》して生《い》きてきて、モデルを立派《りっぱ》な制作《せいさく》に作《つく》り上《あ》げることが出来《でき》る。それから行《ゆ》きますとやはり、世《よ》の中《なか》に無駄《むだ》なものはないのじゃありませんか。

山根《やまね》——モデルの見方《みかた》やとり方《かた》の話でございますね。整理《せいり》をつけてはっきりお話が出来ないようですが、こんなものを作ろうと思うてもモデルに向《むか》っていますと、服部さんのお話と通《つう》じている事《こと》と思いますが、大方《おおかた》の場合《ばあい》モデル

五官　外界の事物を感じ取る五つの感覚器官。目・耳・鼻・舌・皮膚

が追々《おいおい》そんなように見えてくるようでございますよ。重宝《ちょうほう》なものでございます。こうしてモデルを見てモデルの肉体《にくたい》を利用《りよう》して心を写《うつ》します。心がよく写せていると肉体もよく写せていると皆申《みなもう》します。（服部氏《はっとりし》に向《む》かって）五《ご》官《かん》というようなものよりも少《すこ》し入《はい》って行《い》った境地《きょうち》のようでありますね。

谷口《たにぐち》――五官をもぎ取《と》って心で写すわけですね。

山根《やまね》――それは事実《じじつ》私共《わたしども》が仕事《しごと》をしておる時《とき》――神ということがはっきりわからなかった時代《じだい》のことを考えても唯《た》だ五官で見たものそのままでは感《かん》じがはっきり出ないのです。南画《なんが》の心持《こころもち》などもよくわかる気がします。それはもしもそのままで好《よ》いのなら写真《しゃしん》で好《よ》いわけですが、それでは感じが出ないというのは、結局絵《けっきょくえ》や彫刻《ちょうこく》にはもっと神が映《うつ》されておるということになるようでございます。

谷口――（頷《うなず》く）ウム。

山根――服部《はっとり》さんの話もそれだろうと思います。

南画　江戸時代中期に興った文人画。南宗画に由来する。池大雅や与謝蕪村らによって大成した

観方《みかた》、描《か》き方《かた》、覘《ねら》い方《かた》

谷口《たにぐち》――それでその神を映《うつ》す、つまり生長《せいちょう》の家《いえ》でいうと「実相《じっそう》を覘《ねら》う」のですがね。それを如何《いか》にして覘《ねら》うのですか。そいつが聞きたいのです。

服部《はっとり》――自分達《じぶんたち》が生長の家を知るまでは、その自然《しぜん》を写《うつ》すということがあまりに漠然《ばくぜん》としていたわけです。それは生長の家の御教《みおしえ》を受けて、山根《やまね》先生《せんせい》のお話になった、いわゆる生命《せいめい》の実相を映《うつ》すことが自分達《じぶんたち》の目的《もくてき》だということがはっきりと私達《わたしたち》に知らして頂《いただ》けたわけで非常《ひじょう》に有難《ありがた》く思っていますと同《どう》時《じ》に、是非《ぜひ》画家《がか》、彫刻家《ちょうこくか》には少《すく》くもこの、生長の家の本当《ほんとう》の生命《せいめい》の実相の悟《さと》りを片《かた》ッ端《ぱし》から教《おし》えなくてはならぬのでないか、と私はふかく信じておるのであります。

谷口――片岡《かたおか》さんあなたのお考えをどうぞ。

頭注版㉖六四頁

漠然 ぼんやりしてはっきりしないさま

技巧《ぎこう》の修練《しゅうれん》の必要《ひつよう》

片岡《かたおか》――神と一体《いったい》になるということはそのとおりでございますが、一《ひと》つの芸《げい》術《じゅつ》でございますから、そこには修練というものが必要《ひつよう》じゃありませんか。第《だい》二義《ぎ》以下《いか》のことでございましょうが、芸《げい》がうまくなって作品《さくひん》を拵《こしら》えるなら、芸が進むにしたがってなお一層実相《いっそうじっそう》がよく映《うつ》されると、それが本当《ほんとう》の彫刻《ちょうこく》家《か》の仕事《しごと》だと私は思っております。やはり修練、伎倆《しわざ》というものが非常《ひじょう》に大《たい》切《せつ》じゃないか。やはり彫刻家は修練を一方《いっぽう》に於《お》いて非常に磨《みが》かなければならない。好《よ》い作品を作ろうとしたら、やはり鑿《のみ》と小刀《こがたな》とをよく磨かなければならない、そういう気持《きもち》を私は只今《ただいま》……。

谷口《たにぐち》――これはちょっと問題《もんだい》が外《はず》れるかも知れませぬけれども、その修練の話ですね。近頃《ちかごろ》の小学校《しょうがっこう》なんかの図《ず》画教育《がきょういく》は、あれは前《まえ》には臨画《りんが》ばかり

頭注版㉖六五頁

伎倆（ぎりょう）　腕前。技量

臨画　手本の絵を忠実に模写して絵画の学習をすること

やって手本《てほん》を見て写《うつ》す。これはつまり技巧《テクニック》の修練《しゅうれん》ばかりやっておったらしいのですね。それから又反動的《またはんどうてき》に自由画《じゆうが》というのを、すっかりもう好《す》き候《そうろう》、出鱈目放題何《でたらめほうだいなん》でも描《か》くとそんな手本《てほん》なんか見ておったら駄目《だめ》だというので、好《す》きなように描《か》くということが又《また》一時行《じおこな》われておったようですね。それでどちらが本当《ほんとう》の実相《じっそう》を映《うつ》す上《うえ》に本当が出《で》て来《く》るのでしょうか。

山根《やまね》——それは正しい導《みちび》きの下《もと》に自由画を描《か》かした時《とき》に実相が一番《ばん》よく表《あら》われると思います。けれどもそのどっちもよいことだと思っております。模《も》写《しゃ》、臨画《りんが》、自然《しぜん》から写すことどっちも大事《だいじ》だと思います。自然から写すことが本道《ほんどう》で模写臨画はそれを上手《じょうず》にする手助《てだす》けであると思います。上手《じょうず》な人《ひと》の描《か》いた好《よ》いものを手本《てほん》として模写臨画することは、自然をそんな達人《たつじん》がどんなように見て写しているかということを知るのに必要《ひつよう》であります。自然をどんなように見るとか、自然をこんなように見てこんなように写すとかいうことも大事な糧《かて》になります。ただ、自分自身《じぶんじしん》で写す時にこれにとらわれないよ

好き候　勝手気まま

模写　まねて写すこと

うに導《みちび》くことは大切《たいせつ》であります。返《かえ》す返《がえ》すも大事《だいじ》なことはこの自身《じしん》で写《うつ》す時《とき》には無心《むしん》になって自分《じぶん》の見たままを自分のよいと思うままに写すことでこの時に人《ひと》のよい作品《さくひん》の見方《みかた》画《か》き方《かた》などこなれないままで吐《は》き出《だ》してはいけないのであります。大体《だいたい》人《ひと》のものを見て写すということは結局《けっきょく》人《ひと》さんの目で物《もの》を見ることですから、たよることですから、神と直接《ちょくせつ》でなくなります。これと同じく本を読むことも模写臨画《もしゃりんが》と同じく、人の目耳《めみみ》を或《あるい》はそれ以上《いじょう》のものを通《とお》して神、自然《しぜん》を見ることでありますが、現在私共《げんざいわたしども》もこの方法《ほうほう》で生長《せいちょう》の家《いえ》の真理《しんり》を知らして頂《いただ》いた事《こと》であります。だから自然を写すことは神想観《しんそうかん》をし神を見ることで模写臨画は図書《としょ》などを読んで悟《さと》りを得《う》るようなものとも思われます。そう考えてみるとどっちも大事なことに思われます。何《なん》だか理《り》窟《くつ》ばって来《き》ましたが。

こなれる　身につけて活用できるようになる

神想観　著者が啓示によって得た坐禅に似た観法。本全集第十四、十五巻「観行篇　神想観実修本義」参照

型《かた》に執《と》われない為《ため》には

谷口《たにぐち》――型《かた》に執《と》われるということはありませんか。

山根《やまね》――それは色々《いろいろ》でございます。執《と》われるようでもございます。少々自《しょうしょうじ》信《しん》が出来《でき》ていてもうっかりすると執《と》われ勝《が》ちであります。色々なものをやたらに食べましても、皆《みな》消化《しょうか》して綺麗《きれい》な血として養《やしな》いとするように模写臨写《もしゃりんしゃ》たくさんとり入《い》れて、消化して自分《じぶん》の力《ちから》として、渾然《こんぜん》自分の力として自然《しぜん》を見写《みうつ》すようになりたいと思います。

谷口――小学校《しょうがっこう》位《くらい》の教育《きょういく》ではどちらがいいとお考えになります？

山根――どちらも大切《たいせつ》な事《こと》のように思われますが。先《ま》ず自然を写《うつ》すことを主《しゅ》にして邪魔《じゃま》にならないように手本《てほん》を使《つか》うたり見たりすることも大事《だいじ》なことのように思いますが、それについてこんなことがあります。ここに展覧会《てんらんかい》のあ

頭注版㉖六七頁

臨写　手本を見て写すこと

渾然　一つにとけ合っているさま

りました時《とき》に、小学校《しょうがっこう》の児童《じどう》の画《え》を見ますと、先《ま》ず七、八歳《さい》から九歳位《ぐらい》までが一番《ばん》神が宿《やど》っているように見え、それから上級《じょうきゅう》になって五年、六年となりますと却《かえ》って下手《へた》になるかに思われることでありました。それはどうした加減《かげん》でございますか……。

栗原《くりはら》――小学校で今《いま》一年から四年二学期《がっき》までがクレヨンとか或《あるい》はクレパスとかああいう材料《ざいりょう》を使い、四年三学期から水彩画《すいさいが》になりますが、画《え》が下手《へた》になる理由《りゆう》はこの材料の関係《かんけい》から来《く》ることが一《ひと》つと……。

谷口《たにぐち》――材料だけでないようですよ。芸術《げいじゅつ》そのものの無邪気《むじゃき》さが消えていますよ。

山根《やまね》――無邪気《むじゃき》さがですね。

栗原――それはそうです。教師《きょうし》が実際指導《じっさいしどう》する場合《ばあい》に於《お》いて、一年、二年はほってておいても成績《せいせき》は上《あ》がるが、なまじっか口を出して指導しておると、却《かえ》って子供《こども》の純真《じゅんしん》さがなくなって枯死《こし》した絵《え》を描《か》いてしまうことになる。

枯死　枯れきってしまうこと

山根《やまね》――それですね。私は平常《へいじょう》小学校《しょうがっこう》のことを見ていませんから、よくわかりませんけれど、現在《げんざい》ここの展覧会《てんらんかい》だけのことですが。初《はじ》め頃《ころ》は災《わざわい》を受けないようで、教育《きょういく》が進むにしたがって指導《しどう》が本当《ほんとう》に行《ゆ》かないと、こんなことに総《すべ》てのことがなるじゃないかと思います。

谷口《たにぐち》――それからこうでしょう。子供自身《こどもじしん》がですね、初年級《しょねんきゅう》の時代《じだい》には無《む》邪気《じゃき》であって、上手《じょうず》に描《か》こうと思わないで、唯《ただ》描《か》きたいままに生命《せいめい》を放《ほう》り出《だ》して書いている。ところが五年生、六年生になると上手《じょうず》に描《か》こうと思って無邪気《むじゃき》に描《か》かないで、そして人《ひと》の模倣《もほう》をしたり何《なに》かして型《かた》に嵌《はま》って行《ゆ》こうという傾向《けいこう》もあるようですね。それに比較批判《ひかくひはん》が進んで来《く》るので、ああでもないこうでもないと戸惑《とまど》ったり、他《た》の人に比べると自分《じぶん》の方《ほう》が下手《へた》に見えたりするので躊躇《ちゅうちょ》して、一年、二年頃《ごろ》のように無邪気《むじゃき》に生命《せいめい》を放《ほう》り出《だ》して描《か》けない、そこに型《かた》に嵌《はま》った萎縮《いしゅく》した画《え》が出来《でき》るのだと思いますね。

栗原《くりはら》――先生自身《せんせいじしん》もそういう気持《きもち》になりますから、何《なに》か放《ほう》っておいては、わ

躊躇　決心がつかずにためらうこと

萎縮　気力や勢いが衰えてちぢこまっているさま

るいような気がし始《はじ》める。

先輩《せんぱい》を模倣《もほう》するのはよいか

頭注版㉖六九頁

服部《はっとり》――今《いま》模倣という言葉が出ましたが、私等《わたしら》が最近《さいきん》模倣ということから色々《いろいろ》味《あじ》わされるのは、いわゆる先生《せんせい》を模倣するのは芸術《げいじゅつ》じゃないということです。それで山根《やまね》先生《せんせい》のいわゆる模写《もしゃ》も比較的《ひかくてき》その時代《じだい》には卑《いや》しまれた事《こと》ですけれど、最近《さいきん》の彫刻家《ちょうこくか》、画家《がか》は結局《けっきょく》は今まで先生の体験《たいけん》したものをすっかりそっくりと模倣して、その中《なか》から自分《じぶん》を築《きず》いています。結局私たちが無駄《むだ》な勉強《べんきょう》をして生長《せいちょう》したままを、そっくり採《と》ってそれに附《つ》け足《た》して実《じつ》に巧《うま》く生《い》きているのです。その又《また》うまく生きているのは学校《がっこう》の教授連中《きょうじゅれんちゅう》です。それは生徒《せいと》がこれをやりたいと思っても、まだその片岡《かたおか》さんの被仰《おっしゃ》った技術的発表《ぎじゅつてきはっぴょう》がよくしきれない。ところが先生になると技術的発表は既《すで》に出来《でき》る。それで生徒《せいと》が暗中模索《あんちゅうもさく》してやっと覘《ねら》いよったところをそっくり先《せん》生《せい》がとって制作《せいさく》して発表《はっぴょう》してしまうのです。先生と生徒が共《とも》に生きている。ともかく私達《わたしたち》は、私達の受けた教育《きょういく》は、模倣《もほう》はいけないといわれたけれども、今《いま》の人《ひと》は実《じつ》に旨《うま》く模倣を生《い》かしてそれをやっている。それだけ進んでいるんじゃないかと思います。

谷口《たにぐち》――そこまでになると一概《いちがい》に模倣じゃない。

山根《やまね》――模倣という言葉は何《なん》だか感《かん》じの好《よ》い言葉じゃないですね。芸術《げいじゅつ》の本道《ほんどう》ではないですね。作品《さくひん》として生命《せいめい》はないものですね。しかし成程《なるほど》模写臨《もしゃりん》画《が》で主《おも》に技巧《ぎこう》の上《うえ》に足《た》しになるように、模倣はものの観方構想《みかたこうそう》といった方面《ほうめん》に特《とく》に養《やしな》いとなるように思われますね。今《いま》まで考えもしなかった事《こと》ですけど。

服部《はっとり》――私達の教育を受けた時《とき》は模倣という言葉に縛《しば》られておって、それで結局自分《けっきょくじぶん》で始《はじ》めからコツコツ築《きず》くものだと思うてやったわけです。そした

暗中模索　闇の中で手探りでさがすように、手がかりがないまま探し求めること

ら、今《いま》の人《ひと》はそうじゃない。コツコツと私達《わたしたち》の生長《せいちょう》し取《と》ったものをそっくり取って、その上《うえ》もう一《ひと》つ越《こ》えて生長している。最近《さいきん》の若い人はその点《てん》で実《じつ》に巧《うま》くなって非常《ひじょう》にいいことだと思います。

名人《めいじん》のものを鑑賞《かんしょう》させる

頭注版㉖七〇頁

栗原《くりはら》――子供《こども》の絵《え》は大人《おとな》には書けない。それを子供に真似《まね》させるということはよくない。例《たと》えば一例《れい》をいえば、海辺《うみべ》に住んだこともない子供に見たこともない灯台《とうだい》を描《か》けといってみたところで、それは生活《せいかつ》に即《そく》したものでないから描《か》けない。で僕《ぼく》は臨画《りんが》の弊害《へいがい》を唱《とな》えるものですが、あれは鑑賞画《かんしょうが》としてやればいいのですよ。私こんなふうに思います。

山根《やまね》――鑑賞画、いい言葉ですね。

栗原――今まで自由画《じゆうが》といいますと、実《じつ》は自由画でなく放縦画《ほうじゅうが》になりがち

弊害　害となるようなことがら

放縦　何の規律もなく勝手にしたいままにすること

で、毎時間《まいじかん》毎時間勝手《かって》に描《か》かしておくといった傾向《けいこう》があるのです。で、鑑賞方面《かんしょうほうめん》を一時間でもやって頂《いただ》いたら本当《ほんとう》に自由画《じゆうが》が伸《の》びると思っているのですが!

山根《やまね》――それは本当にいいことですね。そうしてよいものを見ていますと――子供時代《こどもじだい》の事《こと》を思いかえしますが、自分《じぶん》でそれを写《うつ》してみたくなるものですよ。

栗原《くりはら》――泰西名画《たいせいめいが》なんか、高等《こうとう》二年《ねん》あたりに行《ゆ》きますと見せて鑑賞させますのですが。

佐藤《さとう》――その鑑賞させるのにどういうふうに鑑賞すべきかが本当に教《おし》えてもらいたいところじゃないかと思います。今日《こんにち》それがない。それが教える先生《せんせい》にもわからないから、教えられる人《ひと》もどう鑑賞すべきかがわからない。それが今《いま》の美術教育《びじゅつきょういく》なんかの欠陥《けっかん》でもあり、それから模倣《もほう》という言葉が嫌《きら》われる素《もと》でもあるんじゃないかと思うのです。

泰西　西洋の国々
高等　高等小学校。旧制で六年間の尋常小学校修了者にさらに程度の高い教育を二年間施した学校

そいつをどういうふうに……。

栗原《くりはら》――結局《けっきょく》教師《きょうし》の問題《もんだい》になりますが。

山根《やまね》――それが……教師なんです。教《おし》えても教えなくても好《よ》いわけですが。

野村《のむら》――それに私も同意《どうい》しますが、私は字の方《ほう》で見ています。山根先生《やまねせんせい》がさっき仰言《おっしゃ》ったように、小学校《しょうがっこう》一年生二年生《ねんせい》に比《くら》べると、一番卒業前《ばんそつぎょうまえ》、高等《こうとう》小学校《しょうがっこう》一、二年の字はいけませんが、小学校一年生二年生は先生《せんせい》が朱《しゅ》で直《なお》してきています。その先生の字が一番いけません。結局先生の問題です。

栗原――堪忍《かんにん》して下《くだ》さいよ。

谷口《たにぐち》――習字《しゅうじ》なんかには筆法《ひっぽう》とかいうのがあるでしょう。どこをどういうふうな工合《ぐあい》に撥《は》ねるとか。

野村――筆法は一種《しゅ》の型《かた》ですけれども私の習字観《しゅうじかん》から見れば筆法というものは力《ちから》の入《い》れどころと筆《ふで》の毛の捌《さば》き方《かた》を、まことに巧《たく》みに工夫《くふう》したたに過《す》ぎぬものと思います。つまり字というものは形式《けいしき》から行《ゆ》くと筆の毛がうまく捌《さば》けなければいけないので、大抵《たいてい》の人《ひと》は書いている内《うち》にあのスッとなっている毛が途中《とちゅう》でもじゃもじゃになって次《つぎ》の運筆《うんぴつ》が旨《うま》く行《ゆ》かぬのです。そういうふうな筆の使《つか》い方《かた》は字が決《けっ》して綺麗《きれい》に自然《しぜん》のままにすらすらといっておらぬ。字の上手《じょうず》な人程《ひとほど》、書かれた跡《あと》を見れば、やはり女の人がすっと櫛《くし》を入《い》れたような調子《ちょうし》に曲《まが》らずに毛がそのままになっています。ちょうど碁の定石《じょうせき》でいえば、碁《ご》を知らない人は苦しんで喧嘩《けんか》ばかりして石がもつれるのです。上手《じょうず》な人は石がもつれなくてすらすらといって如何《いか》にも楽《らく》な打《う》ち方《かた》をしています。

栗原《くりはら》――自由画《じゆうが》なんかの場合《ばあい》は、自由画だっていいのだと思うのですが、生《せい》活《かつ》から離《はな》れたものはどこか不自然《ふしぜん》だと思う。

山根《やまね》――それはあのいい人の描《か》いたもの等《など》でも写《うつ》してみたい心が起《おこ》った時《とき》はそれを模写《もしゃ》するのはよいことです。何《なん》にするという事《こと》なしに模写などしてみたい心の起《おこ》るものですよ。私共《わたしども》の子供《こども》の時のことを考えてみても、何《なに》かの雑誌《ざっし》にでも、いいと思うものがあると写してみたくなりました。こんな時に

運筆 筆づかい。筆の動かし方

定石 囲碁で、最善とされる決まった形の基本的な打ち方

写《うつ》させることはよいことと思います。

芸術《げいじゅつ》のコツは教《おし》えられるか

立仙《りっせん》――芸術教育《げいじゅつきょういく》に関係《かんけい》したことでお教えを願《ねが》いたいことがあります。一昨日《さくじつ》も家庭光明寮《かていこうみょうりょう》の先生《せんせい》の研究会《けんきゅうかい》を開《ひら》きまして、皆《みな》さんの御意見《ごいけん》を聞いたのですが、いろいろと問題《もんだい》がございます。実《じつ》はこないだ谷口先生《たにぐちせんせい》が家庭光明寮の茶《ちゃ》の湯《ゆ》の教授《きょうじゅ》をごらん下《くだ》さいまして、その結果仰《けっかおお》せられたことでございますが、どうもこの生《い》け花《ばな》にしろ、お茶にしろ、女子《じょし》に稽古事《けいこごと》を教えるところを見ると、どのお師匠《ししょう》でも、唯《た》だ黙々《もくもく》と同じことをやらしておる。その中《うち》で自《おのずか》らそのコツを自得《じとく》せしめるというような行《ゆ》き方《かた》を皆《みな》しているように思われる。ところであれをその先《ま》ず劈頭《へきとう》に於《おい》て、茶の湯のコツ、生け花のコツといいますか、そういうものをはっきりと打ちこんで、そうしてそれを

頭注版㉖七三頁

家庭光明寮　昭和十年、「家庭を光明化する婦人」を養成すべく、東京の赤坂にあった生長の家本部内に開設された「花嫁学校」。平成九年に山梨県河口湖町に移設され、平成二十三年に閉校となった

自得　自分自身で理解して会得すること

劈頭　一番初め。最初

基《もと》にして練習《れんしゅう》せしめるように、これからしようじゃないかという御意見《ごいけん》でございましたが――。

谷口《たにぐち》――それは要《よう》するに「勉強《べんきょう》はどこを覘《ねら》ったら有効《ゆうこう》か」ということですよ。特《とく》に花嫁学校《はなよめがっこう》なんか最《もっと》もコツをしっかり最初《さいしょ》に摑《つか》ませてやるのがいいと思いますね。

立仙《りっせん》――それで各科《かくか》の先生《せんせい》の意見《いけん》を聞いてみたのでございますが、富小路《とみこうじ》さんといわれる生花《いけばな》の先生などは、すっかり共鳴《きょうめい》されまして、全《まった》く先生の仰《おお》せの通《とお》りだと感心《かんしん》して、これからそういうような方針《ほうしん》でやりますというお話でした。つまり先《ま》ず勉強のコツをしっかりと与えることでございますね。

佐藤《さとう》――そのことですね、僕《ぼく》は異議《いぎ》があるのですがね。それは実際《じっさい》の仕事《しごと》として、芸術《げいじゅつ》の仕事というものは、谷口先生《たにぐちせんせい》は御承知《ごしょうち》の上《うえ》であゝいう問題《もんだい》の出《だ》し方《かた》をしておられるのだと思いますが、本当《ほんとう》に根気《こんき》を入れてしんみりとやって行《い》って指導《しどう》しなければ得《え》られるものじゃないだろうと思うのです。例《たと》えば、『生命《せいめい》の實相《じっそう》』の骨子《こっし》だけを論文体系式《ろんぶんたいけいしき》に取出《とりだ》して見せられても生命《せいめい》の実相《じっそう》が本当《ほんとう》にわからないのと同じように、芸術《げいじゅつ》のコツだけ教えられたって到底《とうてい》わかるものじゃない。今迄《いままで》の生花《いけばな》の先生《せんせい》がコツを教えないのは本当《ほんとう》だと思うのです。コツというものは自然《しぜん》に体得《たいとく》しなければ……

谷口《たにぐち》――そうじゃありませんよ。それは今迄《いままで》の華道教授《かどうきょうじゅ》に於《おい》て、生花《いけばな》のコツを教えないということは、芝居《しばい》の舞台《ぶたい》でどこへ上《あが》って何《なに》を喋《しゃべ》るかを教えないのと同じなんだ。脚本《きゃくほん》を与えないということなんだ。生花《いけばな》のコツをあらかじめ教えるということは脚本を先《ま》ず読ませるということなんだ。どこにどういう背景《はいけい》があって、どこにどういう人物《じんぶつ》がおってどう喋《しゃべ》るということをはっきり指《さ》してもらって、それから初《はじ》めて演出《えんしゅつ》しようということになるのです。ところが今迄《いままで》の世間《せけん》の生花《いけばな》の師匠《ししょう》というのは脚本を示さないで、私がやるから見ておって自得《じとく》せよ、そして勝手《かって》にお前達《まえたち》やってみよというふうな式《しき》にやるから、十年位《ねんくらい》やらなくちゃ到底普通《とうていふつう》にやれない。半年《はんとし》一年《ねん》で卒業《そつぎょう》す

骨子　要点

る家庭光明寮《かていこうみょうりょう》でそんなことをやっていたら、到底《とうてい》モノにならない。生花《いけばな》にも先人《せんじん》が工夫《くふう》して発見《はっけん》した、どこをどうしたら美《び》を増《ま》すという法則《ほうそく》がある。その法則を先ず習《まならわ》して十年《ねん》かかるところを半年《はんとし》でやる方法《ほうほう》はあろうというのです。先刻服部《せんこくはっとり》さんのいわれた近頃《ちかごろ》の美術家《びじゅつか》が先人のコツコツ発見したところをソックリ先《ま》ずとってその上《うえ》へ自分《じぶん》の接《つ》ぎ足《た》しをして長足《ちょうそく》の進歩《しんぽ》をするアレをいうのです。脚本《きゃくほん》を先《ま》ずちゃんと読んでおいて、その脚本の上《うえ》に自分《じぶん》の演出《えんしゅつ》の技巧《ぎこう》なり生命《せいめい》を生《い》かして行《ゆ》こうというのです。

佐藤《さとう》――そうですか、そういう意味《いみ》ですか。

服部《はっとり》――先生《せんせい》の被仰《おっしゃ》っているコツというものは片岡《かたおか》さんがさっき被仰《おっしゃ》った、彫刻家《ちょうこくか》なんかが線刻《せんぼり》する時《とき》にあのコツを習《なら》うわけですね。

茶道《さどう》の教《おし》え方《かた》は革新《かくしん》の必要《ひつよう》はないか

長足の進歩　短時間に大幅に進歩すること

線刻　小刀や三角刀を用いて線に合わせて彫っていく技法

頭注版㉖七六頁

立仙《りっせん》——その次《つ》ぎに茶《ちゃ》の湯《ゆ》というものですが、今申《いまもう》しました通《とお》り、谷口先生《たにぐちせんせい》がその教授《きょうじゅ》を御覧《ごらん》になると、四十人程《にんほど》の生徒《せいと》がずっと並《なら》んで、茶釜《ちゃがま》を一個《こ》据《す》えてその道《みち》の先生《せんせい》が教《おし》えていられる。生徒は長時間《ちょうじかん》に亙《わた》ってその先生のお手前《てまえ》を拝見《はいけん》している。谷口先生はこういう従来《じゅうらい》の教授法《きょうじゅほう》を御覧《ごらん》になって、これは一《ひと》つ改革《かいかく》する必要《ひつよう》があると被仰《おっしゃ》るのです。即《すなわ》ち茶道《さどう》の眼目《がんもく》とする精神《せいしん》統一《とういつ》、「生長《せいちょう》の家《いえ》」で言えば一種《しゅ》の神想観《しんそうかん》なんですが、それが唯《ただ》ああして他《た》人《にん》のするお手前《てまえ》を拝見することで出来《でき》るものか、そこが問題《もんだい》だと被仰《おっしゃ》るのです。つまり先生のお考えでは、釜《かま》を一箇《こ》だけにせずに、五箇《こ》でも十箇《こ》でも並《なら》べて、めいめいに実地《じっち》にお手前《てまえ》を反復《はんぷく》してやらせてみる。そこにはじめて本《ほん》当《とう》の茶道に依《よ》る精神統一が得《え》られるということになろうというわけです。これで一《ひと》つの大きな芸道《げいどう》に対《たい》する革新案《かくしんあん》を投げられたことになると存《ぞん》じます。

　次にもうひとつ、軍人生活《ぐんじんせいかつ》を送られたお方《かた》にお伺《うかが》いしたいのですが、私はかつて軍隊《ぐんたい》に入《はい》った時《とき》に、まるで教練《きょうれん》には関係《かんけい》もないような炊事《すいじ》その他《た》の

お手前　茶の湯の作法。「お点前」とも書く

眼目　物事の最も重要な点。要点

教練　軍隊で行う戦闘訓練

作業《さぎょう》をやらせられたので、何故《なぜ》こういうことをさせるものか、こんな雑役《ざつえき》はよろしく兵卒《へいそつ》以外《いがい》の者《もの》にやらせて、在営年限《ざいえいねんげん》を短縮《たんしゅく》することが国家《こっか》としても経済《けいざい》ではないかというふうに生意気《なまいき》な考えを起《おこ》したことでした。ところが将校《しょうこう》に聴《き》いてみると、私の考えは大変《たいへん》な間違《まちが》いで、軍人《ぐんじん》に水汲《みずく》みもさせる、飯炊《めした》きもさせる、掃除《そうじ》もさせる、こういう勤労作業《きんろうさぎょう》をウンとやらせる。そうするといつの間《ま》にかそうした作業を通《とお》して奉公《ほうこう》の精神《せいしん》というものが養《やしな》われる。無我帰一《むがきいつ》の魂《たましい》はこうして養成《ようせい》されるのだという事《こと》でした。当時《とうじ》の私はこの話に馬鹿《ばか》に感心《かんしん》したものでしたが、成程《なるほど》考えてみると、昔《むかし》の武《ぶ》芸者《げいしゃ》の伝記等《でんきとう》を読んでみると、師匠《ししょう》はちっとも剣術《けんじゅつ》のことを教えてくれない。毎日《まいにち》毎日飯炊《めした》きや雑役《ざつえき》に使われる。ところでそうした一見《いっけん》つまらぬように見える仕事《しごと》をしているうちにいつの間《ま》にか武芸《ぶげい》の奥義《おうぎ》というものを体得《たいとく》するに至《いた》る経過《けいか》を書いているのですが、やっぱり昔も今《いま》も変《かわ》らぬものかと考えさせられたことでした。この事柄《ことがら》を思うてみると、唯今《ただいま》の芸道《げいどう》のコツのよう

雑役　主要な業務以外の雑多な仕事

兵卒　兵隊。兵士

将校　戦闘を指揮する立場の少尉以上の階級の軍人

奉公　国や主人、または広く公のために身を尽くして働くこと

無我帰一　自分を無にして一つにまとまること

奥義　学問・芸術・武芸などの極みにある最も重要な事柄

なものも、やはり長い期間《きかん》見たり練習《れんしゅう》するうちに、自《おの》ずと会得《えとく》すべきもので、頭から一時《じ》にたたき込《こ》むことも困難《こんなん》なもののように思われるのですが、一《ひと》つ、軍人出身《ぐんじんしゅっしん》のお方《かた》のお話を伺《うかが》いたいと思いますが……。

野村《のむら》――陸軍《りくぐん》の方《ほう》は辻村先生《つじむらせんせい》に御願《おねがい》することとして私は海軍《かいぐん》の方《ほう》ですからその方《ほう》の御話《おはなし》をさせて頂《いただ》きます。あなたの被仰《おっしゃ》るように、軍人に飯《めし》を炊《た》かさない、掃除《そうじ》もさせないとすると、軍艦《ぐんかん》にそういう種類《しゅるい》の人《ひと》を乗せなければなりませんから、軍人気質《ぐんじんかたぎ》のない人が多数《たすう》に入《はい》って来《こ》られると軍艦生活《ぐんかんせいかつ》としては団体精神《だんたいせいしん》の調和《ちょうわ》という点《てん》で支障《ししょう》を起《おこ》すようになります。

谷口《たにぐち》――それは実際本当《じっさいほんとう》です。それで生長《せいちょう》の家《いえ》のこの教団《きょうだん》でも、六十歳《さい》以上《じょう》の御老体《ごろうたい》は別《べつ》として最近常務重役以下《さいきんじょうむじゅうやくいか》、交替《こうたい》にみんなが宿直《しゅくちょく》して掃除《そうじ》するというふうになっています。仕事《しごと》が忙《いそが》しいからというので、急《きゅう》に拡張《かくちょう》するとか、人数《にんずう》を余計《よけい》入れると、それは生長の家経済連盟式《けいざいれんめいしき》にいうと、雇傭人《こようにん》数《ずう》を殖《ふ》やすということは、失業者救済《しつぎょうしゃきゅうさい》という上《うえ》からいっても、それは当然《とうぜん》

会得　物事の意味や本質を理解して自分のものとすること

かたぎ　身分や年齢層、職業などを表す名詞に付けて、その人達に特有な気風や性格を表す

生長の家経済連盟　著者が月刊誌『生長の家』昭和七年十月号誌上で提唱した

のことであって、そういう職業《しょくぎょう》を分《わか》つというふうな意味《いみ》で、なるべく多くの人《ひと》を雇《やと》いたいと思っているのですけれども、無暗《むやみ》に失業者《しつぎょうしゃ》が可哀相《かわいそう》だといって光明思想《こうみょうしそう》を生活《せいかつ》にそのままに生きて行《ゆ》けない異分子《いぶんし》を雇《やと》って入《い》り込《こ》ませるということはこの中《なか》を攪乱《かくらん》してしまうということになるのです。それですから、臨時傭《りんじやとい》であるとか、忙《いそが》しいからといって無暗《むやみ》に本当《ほんとう》の生長《せいちょう》の家《いえ》になり切らない人を入れるということは私は遠慮《えんりょ》したいと思うのです。

立仙《りっせん》——なるほど。

服部《はっとり》——私、コツというのは私達《わたしたち》の生活から説明《せつめい》がつきやすいことがある。小刀《こがたな》一《ひと》つ磨《みが》く、鑿《のみ》一つ磨く、その時《とき》にそのまま磨かしておいたんじゃ手を削《けず》る。それを先生《せんせい》がコツを被仰《おっしゃ》って下《くだ》さるとそのコツさえ教《おそ》われば自然《しぜん》に磨ける。そのコツさえ教《おそ》われば自然に花が活《い》かることもあり、お茶がたてられることもある。

谷口《たにぐち》——それは小刀《こがたな》磨《と》ぐにしてもどういう角度《かくど》で砥石《といし》に当《あ》てるかということ

異分子　一団の中で他の多くのものと性質や種類、思想などが違っているもの
攪乱　かき乱すこと

を具体的《ぐたいてき》に教《おそ》わらなければ、師匠《ししょう》がやるのを見ていて勝手《かって》にやれというだけじゃ、早くその要領《ようりょう》がわからないでしょう。この指《ゆび》にどう力《ちから》を入《い》れてどこを押《おさ》えてやれば研《と》げるとこう最初《さいしょ》教えてもらってから、後《あと》は修練《しゅうれん》でやると自然《しぜん》とコツが呑《の》み込《こ》めるということになるだろうと思うのです。

立仙《りっせん》——武勇伝《ぶゆうでん》にある飯焚《めした》きばかりしていて武芸《ぶげい》のコツを教《おそ》わるというようなことは、今日《こんにち》の軍隊《ぐんたい》でやるような方法《ほうほう》で剣道《けんどう》のコツを教《おそ》わる、自得《じとく》せしめるということと同じじゃないのでしょうね。

谷口《たにぐち》——手を取って、ココはこうと教《おそ》わらないでコツを自得《じとく》するのは、とてもの天才《てんさい》であって、特殊《とくしゅ》の感受性《かんじゅせい》をもっていて、剣道なら剣道の師匠《ししょう》の太刀《たち》筋《すじ》を唯《ただ》じっと見ているだけで以心伝心《いしんでんしん》に自得《じとく》する——こんな天才ばかりなら教育家《きょういくか》も教育《きょういく》も要《い》らない。教育は、唯見ているだけで自得出来ないような凡人から天才的なものを引出す術ですよ。飯炊《めした》きから一流《いちりゅう》の剣聖《けんせい》になった剣道の天才にしても唯《ただ》、飯《めし》を炊《た》いているだけじゃないのであって、どこかへ

武勇伝　武勇にすぐれた人の伝記

感受性　外からの刺激や印象を感じ取ることができる働き

太刀筋　太刀を打ち込む方向。太刀の通っていく道筋

以心伝心　言葉を通さず心から心へと伝えること

剣聖　剣術にすぐれていて、その奥義を究めた人

行《い》って柱《はしら》を見附《みつ》けたり、木《き》の木《ぼく》を吊《つ》り下《さ》げて、それを木剣《ぼっけん》で打つ、木《き》がハネ返《かえ》って自分《じぶん》の方《ほう》へ向《むか》って来《く》る、それを受ける、又《また》打つというふうにして観《み》て来《き》たところを実際《じっさい》に長年月《ちょうねんげつ》修練《しゅうれん》して実際のコツを体得《たいとく》したのですよ。ところが単《たん》に見るだけで、そうしてそれも一週間《しゅうかん》に一遍《ぺん》一時間《じかん》お手前拝見《てまえはいけん》などといって見ているだけのことでは到底何《とうていなん》のコツも得《え》られないということになるのですよ。だから、最初大体《さいしょだいたい》のコツとか型《かた》とかを教えておいて、それを毎日《まいにち》修練させるようでないと何《なん》の芸道《げいどう》でも役《やく》に立たない。一週間一遍ではねえ、ここに改革《かいかく》を要《よう》しますねえ。

佐藤《さとう》――それは私剣道《けんどう》をやりましてね、一番最初《さいしょ》剣道で教《おそ》わるのは型《かた》なんです。お話のコツに当《あた》るわけです。それは先《ま》ず剣《けん》の持《も》ち方《かた》が解《わか》りますと、つぎに教《おそ》わるのは、剣《けん》の打込《うちこ》み方《かた》、構《かま》え方《かた》、基本《きほん》の型《かた》を全部《ぜんぶ》一通《ひとお》り教《おし》えます。ですけれども、それだけじゃ結局棒振剣術《けっきょくぼうふりけんじゅつ》です。そこのところをじっくり身《み》を入《い》れて年期《ねんき》を入れてやって行《ゆ》かなければ駄目《だめ》なんです。もし型《かた》だけが剣道

木（ぼく） 節くれだったり曲がりくねったりした古い木の根や幹

木剣 刀剣の形を模した木の刀。武術の稽古などに用いる。木刀

棒振剣術 ただ棒を振りまわしているような、型も流儀もなくでたらめな剣術

年期 長い年月の修業。年季

であれば型《かた》を教えるだけで結構《けっこう》ですけれども、剣道《けんどう》というものは型《かた》ばかりじゃなくて魂《たましい》なので、さっきから服部先生《はっとりせんせい》や山根先生《やまねせんせい》が被仰《おっしゃ》ったのと同じことです。黙々《もくもく》と修練《しゅうれん》させて教《おし》え採《と》らせるより仕方《しかた》のないことで、そこに示《しめ》し得《う》るコツというものはあり得《え》ないものだと僕《ぼく》は思っています。

谷口《たにぐち》――あり得《え》ますよ。

佐藤《さとう》――先生《せんせい》のようないい方《かた》を伺《うかが》っていると芸術《げいじゅつ》の神秘性《しんぴせい》を引《ひ》き剥《は》がされるような感《かん》じがする。

野村《のむら》――佐藤さんは非常《ひじょう》に深いところだけをコツといっておられる。「コツ」という言葉の意味《いみ》もだんだん等差《とうさ》があるように思いますよ。

谷口――私のいうのは――先人《せんじん》の体得《たいとく》したそれぞれの芸道《げいどう》を貫《つらぬ》いている手《て》っ取《と》り早《ばや》い摑《つか》みどころを教える――これが教育《きょういく》ですよ。

佐藤――絵画《かいが》その他《た》の芸術はいわゆるコツに終《おわ》っていいのでしょうか。

谷口――先生がついて、彫刻《ちょうこく》なら彫刻を観《み》て、これのここがいいのだと、

等差　一定の基準によってつける違い

こういうでしょう。これのここがこうだとこういう、「これ」といい「ここ」という平凡《へいぼん》な内容不明《ないようふめい》の言葉。だがそれで好《い》いのだ、それでわかるのだ。例《たと》えば、私が講演《こうえん》していて、「私がいいたいのは、ここに生命《せいめい》の実相《じっそう》があるのだ」と、「これが生《い》き通《とお》しの生命《せいめい》である」と自分自身《じぶんじしん》の身体《しんたい》を指《ゆびさ》していう。するとそれを聴《き》いていた人《ひと》の病気《びょうき》が治《なお》ることがある。これはその意《い》味不明《みふめい》の言葉の中《うち》に、その言葉を媒介《ばいかい》として生命《せいめい》の骨髄《こつずい》が伝えられるのです。無論《むろん》私の喋《しゃべ》ることは皆《み》な『生命《せいめい》の實相《じっそう》』に完全《かんぜん》に書いてある。『生命《せいめい》の實相《じっそう》』を読んだらいいのだ、こっちで喋《しゃべ》らなくてもいいはずです。だけれども、実際《じっさい》にこれがこうだと、ここがいいのだと、「ここ」というでしょう。その言葉の響《ひびき》の中《なか》にですね、達人《たつじん》が言葉に出して教えてくれたらそれがわかるのですよ。それが先輩師匠《せんぱいししょう》のなすべきところであって、ここをこうしなさいよ、こうしなさいよ、こうですよ、とそれの導《みちび》きがあると、それは実相の響《ひび》きの鐘《かね》がゴーンと鳴《な》ると一方潜在《いっぽうせんざい》していた鐘《かね》の響きが共鳴《きょうめい》の原理《げんり》によっ

媒介　なかだち
骨髄　最も重要な点。骨子

共鳴の原理　静止している発音体が他の音波を受けて自然に鳴り出す原理

て、ゴーンと鳴《な》るのと同様《どうよう》である。先覚者《せんかくしゃ》が側《そば》にいて指導《しどう》して芸道《げいどう》の悟《さと》りをゴーンと撞《つ》き鳴らさなくても自分《じぶん》で発見《はっけん》する人《ひと》もありますけれども、それは極《きわ》めて稀《まれ》であって天才《てんさい》なんですよ。それがもっと楽《らく》に天才を引出《ひきだ》すような方《ほう》法《ほう》――そこに教育《きょういく》の教育たる所以《ゆえん》がある、先覚《せんかく》の後進《こうしん》を導《みちび》くことの価値《かち》がある。

佐藤《さとう》――それが単《たん》に被仰《おっしゃ》る通《とお》りのそれなら異議《いぎ》はありません。

早教育《そうきょういく》の必要《ひつよう》

山根《やまね》――それは、佐藤さんの被仰《おっしゃ》ることもよくわかるように思います。ここにこんなことがあるのです。例《たと》えば大工《だいく》が、普通中年《ふつうちゅうねん》から入《はい》って習《なら》おうと思っても腰《こし》が極《き》まらないですが、それは小さい時《とき》から年期《ねんき》を入《い》れて、その仕《し》事《ごと》の内《うち》に育《そだ》ちますと力《ちから》の必要《ひつよう》な場所《ばしょ》には力が出るように、肉体《にくたい》が発達《はったつ》して来《く》

先覚者　人より早く物事を理解したり、行ったりした人。草分け

後進　あとから同じ学問・技芸・職務などの道を進む人

頭注版㉖八二頁

るのですよ。それで木《き》を圧《おさ》えて木を削《けず》る時《とき》にそんな人《ひと》はちょっとふれただけでも木が動かなくなる。それも木を削る一《ひと》つのコツですが、このコツというものは、長い間《あいだ》に発達《はったつ》して来《き》たコツのようであります。鉋《かんな》を持つにもかく育った人は力《ちから》を入《い》れないでも力が入《はい》っております。力が入《はい》るように鉋《かんな》がきまるように指々《ゆびゆび》が発達して来《き》ております。かように自然《しぜん》に肉体《にくたい》まで発達して来《く》るのですから、普通世間《ふつうせけん》では中年《ちゅうねん》からふとこんな職業《しょくぎょう》に入《はい》っても肉体がそのように出来《でき》ていなくてコツが急《きゅう》に摑《つか》めないものとしています。一通《ひととお》り肉体が発達して後《のち》の人《ひと》は方法《ほうほう》は直《すぐ》にわかりますけれど実際《じっさい》にからだのこなしが出来ないのであります。それで普通の職人《しょくにん》の家《うち》では十二、三の小学校《しょうがっこう》を出るか出ない人を喜《よろこ》びます。それ等《ら》の小さい人は上下《じょうげ》の別《べつ》はありますけれど、大体教《だいたいおし》えるということもなくコツが入《はい》って参《まい》ります。

谷口《たにぐち》――やっぱり肉体は心の影《かげ》ですよ。心がコツを体得《たいとく》し、常住坐臥《じょうじゅうざが》その心になったら、それが肉体の形《かたち》、腰《こし》の据《すわ》りにまで影響《えいきょう》を及《およ》ぼして来《く》るので

鉋　材木の表面を削って平らにする大工道具
かく　このように

常住坐臥　すわっている時も寝ている時も、いつも。常に

す。一時《じ》やったのでは駄目《だめ》、常《つね》の心が大切《たいせつ》です。名人《めいじん》というものは常に一心《いっしん》不乱《ふらん》にその芸《げい》のことを考えている。肉体《にくたい》の形《かたち》まで変化《へんか》して来《く》るのですよ。その肉体の形態《けいたい》の変化はやはり幼時《ようじ》の、これから形が極《き》まるという発達期《はったつき》に最《もっと》も著《いちじる》しい。この意味《いみ》に於《おい》て早教育《そうきょういく》は必要《ひつよう》ですね。

山根《やまね》——肉体は心の影《かげ》。フランシスに聖痕《せいこん》が出来《でき》た事《こと》を思いましても、ここで起《おこ》るたくさんの奇蹟《きせき》を見ましても……。しかし……、このしかしが悪いのですけれども……

谷口《たにぐち》——みんな心の状態《じょうたい》に応《おう》じて念《ねん》が肉体に映《うつ》っているのですよ。

山根——映っているのでございましょうが中年《ちゅうねん》から這入《はい》って来《く》る人《ひと》は、中年までの心の影がある。影が翳《かか》って光が薄《うす》いので、充分《じゅうぶん》焼《や》き著《つ》いて像《ぞう》が現《あら》われて来《く》るのに手間《てま》取るのです。

谷口——念《ねん》の集積《しゅうせき》が足《た》らないのですね。それに中年以後《ちゅうねんいご》の人は心が幼時《ようじ》ほど柔《やわらか》くない、我《が》があるからコツを教《おし》えられても素直《すなお》にそのまま込《こ》めな

フランシス　一一八二〜一二二六年。カトリック修道士。フランシスコ修道会の創設者。富豪の子に生まれながら、生涯にわたって清貧と「キリストのまねび」に徹し、ラベルナ山において聖痕を受けたと言われる

聖痕　キリストがはりつけに処された時の傷に類似した傷。聖人に列せられた修道士などがキリストと同じ苦しみを求めた末に現れたとされる

集積　集まって積もること

い。心が素直《すなお》で柔軟《じゅうなん》でないから、肉体《にくたい》も素直に軟《やわらか》くコツを摑《つか》むように発達《はったつ》しないのでしょう。

山根《やまね》――左様《さよう》でございましょうね。話変《かわ》って茶《ちゃ》の湯《ゆ》のお話。茶《ちゃ》の湯《ゆ》の式《しき》なんかも、元々《もともと》あれは一派《いっぱ》の宗匠《そうしょう》とでもなれるような神に通《つう》ずるような方《かた》が、形《かたち》のないものから形を拵《こしら》えたものであって、その型《かた》というものは、型《かた》にハマって動かすこともどうすることも出来《でき》ないものではないのですが、大体《だいたい》にその道筋《みちすじ》としては神に通《つう》ずるに多分《たぶん》一番便利《べんり》な自然《しぜん》の道《みち》でありましょうから、山登《やまのぼ》りの先達《せんだつ》があそこの崖《がけ》はこうして通《とお》る、あそこの谷《たに》はこうして渡《わた》るのだと、人《ひと》を導《みちび》くような心持《こころもち》で茶杓《ちゃしゃく》をこうして、袱紗《ふくさ》はこんなようにして、と自分《じぶん》の見たところの便利で、風雅《ふうが》で、礼《れい》を失《しっ》しないで、お客《きゃく》さんの気持《きもち》を引き立てるような気持《きもち》や型《かた》を教《おし》えたのが、心はとかく伝わりかねて、型《かた》だけが伝わったものと思います。ですから茶《ちゃ》の湯《ゆ》その他《た》の式《しき》なども先生《せんせい》が、神想観《しんそうかん》を修《おさ》める時《とき》に、その言葉など少々《しょうしょう》違《ちが》っても大体そんなようの気持《きもち》でとお教

式　きまり。一定の型

宗匠　和歌、連歌、俳諧、茶道、香道、華道などの師匠

先達　先にその道に達し、導きをする人

茶杓　抹茶をすくい取る細長い匙

袱紗　茶の湯で、茶器をぬぐったり、茶碗などの器物を扱ったりする際に用いる正方形の絹の布

風雅　風流で上品なこと

え下《くだ》さるように、本当《ほんとう》にその気持《きもち》で型《かた》に捉《とら》われないで茶の式《しき》をやっているという力《りき》みが消えて茶を出される事《こと》が大事《だいじ》と思います。でも一通《ひととお》りぎこちなくとも師匠《ししょう》の通《とお》った道《みち》を型通《かたどお》り歩んで師匠はこんな道を一番《ばん》よいとして開《ひら》いたのだということを知る事《こと》も、大事なことと思います。これは絵《え》で模写《もしゃ》するようなものに当《あた》るようでございますね。その上《うえ》で同じ一派《いっぱ》で同じ道連《みちづ》れで行《ゆ》くとしても、少々道《しょうしょうみち》の端《はし》を通《とお》るとも、草の上《うえ》を通《とお》ろうとも、馳《は》せてみようとも、大股《おおまた》に歩《あゆ》むとも、自分《じぶん》の好《す》き好《ず》きの心持《こころもち》に合《あわ》せて行《ゆ》けばよいと思います。

無我《むが》で型《かた》を実行《じっこう》するのが精神統一《せいしんとういつ》の修養《しゅうよう》になる

谷口《たにぐち》――私は、ああいう茶《ちゃ》の湯《ゆ》の稽古《けいこ》なんかただ一回《かい》しか見ないのですから（笑声《しょうせい》）批評《ひひょう》の限《かぎ》りではないですけれども、局外者《きょくがいしゃ》は、内部《ないぶ》の人《ひと》には見出《みいだ》

馳せる　速く走る

頭注版㉖八五頁

修養　徳を培い、人格を高めるよう努めること

局外者　そのことがらに関係のない立場の人。第三者

せない拾《ひろ》い物《もの》の発《はっ》見《けん》をすることがある。ああいう具《ぐ》合《あい》に、形《かたち》から入《はい》って行《ゆ》く修行《しゅぎょう》というもの、茶《ちゃ》の湯《ゆ》などというものは、実際《じっさい》にあんな事《こと》を実生活《じっせいかつ》にやっている者《もの》は閑人《ひまじん》ばかりで、茶の湯そのものの遣《や》り方《かた》を教《おし》えて家庭《かてい》でやらそうというなら、あれは有閑婦人《ゆうかんふじん》の製造《せいぞう》ということになる。私の考えでは茶の湯を花嫁学校《はなよめがっこう》で教えるのは別《べつ》の意義《いぎ》がある。あれは形《かたち》から入《はい》って行《ゆ》く精神統《せいしんとう》一《いつ》の修行《しゅぎょう》である。つまり形に素直《すなお》に随《したが》って少《すこ》しも我流《がりゅう》を出さない修行《しゅぎょう》をするということは一つの無我《むが》になるということです。我《が》があったら順《したが》えないのです。それで先《ま》ず形式《けいしき》というものを教えてもらって、その形式通《けいしきどお》り何《なん》でもかんでも、我《が》というものをなしに一心《いっしん》に形式に順《したが》って行《ゆ》くと、そこに無我《むが》の修行《しゅぎょう》というものが出来《でき》ると思うのです。私は先日生《せんじつうま》れて初《はじ》めて茶の湯の稽《けい》古《こ》というものを見た。その時《とき》、ああこれは神官《しんかん》の祭式《さいしき》と同じものだと直感《ちょっかん》した。神官は祭式をやってると祭式をやっている自分《じぶん》の心が浄《きよ》まるばかりでなく、参列《さんれつ》している人《ひと》の心までも浄《きよ》まる。そこまで行《ゆ》けば、お手前拝見《てまえはいけん》は神《じん》

有閑婦人　時間的にも経済的にも余裕がある女性。有閑マダム

我流　自分独自の勝手なやり方。自己流

神官　神社で神を祭り、神事に携わる神主。神職

祭式　祭りの儀式。また、その順序や作法

社参拝《じゃさんぱい》と同じような浄心的効果《じょうしんてきこうか》がある。だけれども最初《さいしょ》は形《かたち》を如何《いか》にするかということを、はっきりと端的《たんてき》に教《おし》えてもらって、芝居《しばい》なら脚本《きゃくほん》を教えてもらってその通《とお》り無我《むが》になって順《したが》って行《ゆ》くという時《とき》に初《はじ》めて茶《ちゃ》の湯《ゆ》の効果《こうか》というものが現《あらわ》れるのじゃないかと思う。ところが一週間《しゅうかん》に一回位《かいくらい》の教授《きょうじゅ》では茶の湯の形というものが半歳位《はんとしくらい》の間《あいだ》にはっきり呑込《のみこ》めるかどうかわからない。そんなことをやる位《くらい》なら、結局《けっきょく》茶の湯の教授はない方《ほう》が優《ま》しである。

山根《やまね》——それはやりようによっては一手前《ひとてまえ》の型《かた》や順序位《じゅんじょくらい》はのみ込《こ》めるかもしれません。右の手に茶杓《ちゃしゃく》をこう持って茶入《ちゃいれ》をこうしてと。

谷口《たにぐち》——それが一週間に一遍《ぺん》だけやってみて、間違《まちが》っているかどうか考えながらやったのじゃ無我《むが》の精神統一《せいしんとういつ》でもないから、結局茶《ちゃ》の湯《ゆ》の効果というものはなくなるから、最初からちゃんと形式《けいしき》をわからしてもらって、茶釜《ちゃがま》を何《なん》十でも並《なら》べておいて、形式通《けいしきどお》り毎朝兵隊《まいあさへいたい》の操練《そうれん》のように無我《むが》になって形式通

端的　はっきりしたさま。的確なさま

一手前　茶道で茶をたてる一通りの作法

茶入　茶道で茶を入れておくための器物

操練　兵士を実戦で役立つように訓練すること

りにする。すると茶《ちゃ》の湯《ゆ》の稽古《けいこ》の精神統一《せいしんとういつ》ということの意味《いみ》が完《まっと》うすると思うのです。

山根《やまね》――その話で思《おも》い出《だ》しますのは、府立《ふりつ》の実科工業学校《じっかこうぎょうがっこう》では旋盤《せんばん》の稽古《けいこ》をさせるのに、生徒《せいと》に旋盤《せんばん》を一台ずつ与えるのです。普通《ふつう》の工業学校《こうぎょうがっこう》では予算《よさん》がないから一クラスに旋盤《せんばん》が一《ひと》つ二《ふた》つ位《ぐらい》しかないのですが、それで旋盤《せんばん》を各生徒《かくせいと》が一緒《いっしょ》に練習《れんしゅう》することが出来《でき》て、見ていて番《ばん》が来《き》たら練習するというような事《こと》はないのです。茶《ちゃ》の湯《ゆ》なんかでも各々《おのおの》に茶釜《ちゃがま》なんか皆道具《みなどうぐ》を備《そな》えて一緒《いっしょ》に先生《せんせい》がこうしてこうしてとやるようにしたら、体操《たいそう》のように、茶の湯の空気《くうき》もなにもなくなるでしょうか。その点設備費《てんせつびひ》にも関係《かんけい》して参《まい》りましょうが……。

立仙《りっせん》――ところが、谷口先生《たにぐちせんせい》は例《たと》えばこういうアルミでもブリキでもいい、立派《りっぱ》な茶釜《ちゃがま》だと思ってやらせればいい、見ていて緩慢《かんまん》に永《なが》い間《あいだ》にコツを自得《じとく》せしめるのではなく、師匠《ししょう》からなるべく早く型《かた》を教《おし》え込《こ》んで、それに基《もと》いて

府立の実科工業学校 明治三十三年に東京府職工学校として開校。大正九年に東京府立実科工業学校に改称。現在の東京都立墨田工業高等学校

旋盤 工作機械の一つ。加工物を主軸に取り付けて回転させ、切削、孔開け、切断などを行う

ブリキ 薄い鉄の板に錫(すず)をめっきしたもの

緩慢 ゆったりしていて、のろいこと

一斉《いっせい》に実行的《じっこうてき》に稽古《けいこ》せしめればよい、それがおよそ芸事《げいごと》に上達《じょうたつ》する近道《ちかみち》だと被仰《おっしゃ》るのでございますよ。

栗原《くりはら》――そういう安物《やすもの》の道具《どうぐ》を使って、茶《ちゃ》の湯《ゆ》の気持《きもち》が出るでしょうか。およその議論《ぎろん》は先生《せんせい》の持論《じろん》の雰囲気《ふんいき》の教育《きょういく》とそれはどういうふうに……。

谷口《たにぐち》――全然無我《ぜんぜんむが》になる修行《しゅぎょう》だから道具の善《よ》し悪《あ》しは見ない。

栗原――だって茶釜《ちゃがま》がブリキでは……

谷口――ブリキでも、ブリキと思わぬ。金《きん》の茶釜《ちゃがま》が懸《かか》っていると思うてやる。木刀《ぼくとう》でも木刀と思わぬ。真剣勝負《しんけんしょうぶ》の意《つも》りで型《かた》をやる。そこに無我《むが》が出て来《き》て精神《せいしん》が統一《とういつ》する……

佐藤《さとう》――(栗原氏《くりはらし》に)芝居《しばい》の稽古《けいこ》みたいなものだな。

辻村《つじむら》――今《いま》、茶釜《ちゃがま》を幾《いく》つも拵《こしら》えてやる、旋盤《せんばん》を幾《いく》つも拵《こしら》えてやるといわれたが、私の学校《がっこう》で馬の稽古《けいこ》をする。その為《ため》に二十七回も落馬《らくば》した生徒《せいと》がある。それから後《あと》も落ちたけれども何《なん》ぼう落っこちたかわからない。自分《じぶん》はもう馬

真剣勝負　本物の刀剣を用いて勝負すること

など乗らなくてもいい、という者《もの》もありました。裸馬《はだかうま》に鞍《くら》もなしに乗せるのですから、乗ったと思うと落ちる、乗ったと思うと落ちるという有様《ありさま》であります。号令《ごうれい》でも馬の方《ほう》がよく知っております。

服部《はっとり》——馬の方《ほう》がよく知っていますな。

谷口《たにぐち》——照井《てるい》さん、一《ひと》つ音楽方面《おんがくほうめん》のコツを習《なら》うというふうなところの話をお聞きしたいですな。

音楽勉強《おんがくべんきょう》のコツはどこを覘《ねら》うか

照井《てるい》——私の場合《ばあい》には習《なら》った場合と教《おし》える場合との二《ふた》つになりますが、年《ねん》がら年中技術《ねんじゅうぎじゅつ》の修得《しゅうとく》の問題《もんだい》でして、(それは終生《しゅうせい》続くだろうと思いますが)、それが何《なん》といいますか、脳神経《のうしんけい》の直接《ちょくせつ》の働《はたら》きになって来《き》て、いわゆる、脊《せき》髄《ずい》の反射作用《はんしゃさよう》で、意識《いしき》せずに、考えずに、脳髄《のうずい》のレコードから、直《す》ぐ出る

裸馬 鞍を置いていない馬
鞍 人や荷物を乗せるために牛馬の背につける道具

頭注版㉖八八頁

終生 一生。生涯
レコード 音声を記録した円盤。コンパクトディスク(CD)が普及するまで広く使われた

ような工合《ぐあい》になるまで修得《しゅうとく》するわけですが、そうしてから今度《こんど》は表現《ひょうげん》の問題《もんだい》。表現の時期《じき》になってどう表現すればいいのか、どう表現を覘《ねら》えばいいのかということを考えまして、自分《じぶん》が教《おし》えていながらも、今《いま》この生長《せいちょう》の家《いえ》に入《はい》ってからはっきりわかったようですけれども、以前《いぜん》は朧気《おぼろげ》にこういうふうに思っておったのです。つまり、歌というものは、人《ひと》に聞かせるために歌うか、それとも自分《じぶん》に歌を聞かせるために歌うか、という問題になるのだと思います。藤原義江《ふじわらよしえ》なんか親《した》しくしてよく知っておりますが、あの人は、元来《がんらい》、「歌なんというものは人に聞かせるものでせいぜい華《はな》やかにしなければならぬ」といっておりますから、自然歌手《しぜんかしゅ》としての氏の径路《けいろ》もまた、非常《ひじょう》に世間的《せけんてき》に華《はな》やかです。けれども、私はどうもそう思わないので、歌は自分に聞かせるのでなければいかぬと朧気《おぼろげ》に思うておったのです。生長の家に入《はい》ってから、結局《けっきょく》歌の表現全体《ひょうげんぜんたい》は心の問題だということがはっきりして来《き》た。今まで肉体《にくたい》に聞かせようと思ってやっていたから、表現が肉的《にくてき》のものにな

朧気に　ぼんやりとして。はっきりとしていないさま

藤原義江　明治三十一～昭和五十一年。テノール歌手。欧米での活動を経て昭和九年に藤原歌劇団を創設し、日本のオペラ界の振興に寄与した。昭和二十二年に芸術院賞受賞。自伝に『流転七十五年』がある

径路　通ってきた道すじ。いきさつ

って、うれしいとか、楽しいとか、全部肉《ぜんぶにく》というものを対象《たいしょう》にして表現《ひょうげん》をしていたので、すべてがわからなくなったのです。こいつは結局《けっきょく》心の問題《もんだい》になるのだから、心に歌を捧げるという気持《きもち》になれば本当《ほんとう》の表現が出来《でき》るのだと思ってきまして教《おし》える場合《ばあい》にも、そいつをめどにしてその気持《きもち》で教えているわけなんですが、元来《がんらい》、歌というものは、絶対的《ぜったいてき》に聴衆《ちょうしゅう》を対象《たいしょう》としなければならない芸術《げいじゅつ》であるということは、一応《いちおう》、尤《もっと》ものようですが、その聴衆は肉眼《にくがん》に見える現象《げんしょう》の聴衆では無《な》く心の聴衆、実相《じっそう》の聴衆でなければならないと思うのであります。現象の人《ひと》に歌って聴《き》かせようと思えばこそ色《いろ》んな欲望《よくぼう》が出まして、色んな俗《ぞく》な表現になり易《やす》いので、それが自分《じぶん》だけ歌うのだ、（高慢《こうまん》な気持《きもち》でなしに）というのが、言葉がわるいのですけれども、今《いま》までの「生長《せいちょう》の家《いえ》」になるまでの気持《きもち》だったのですが、自分は神の子だから、心に歌うのだ、実相を歌うのだということになるだろうと思うのです。それから今《いま》、コツの話がありましたがこれについて私の場合はこう

めど　めあて。目指すところ

高慢　他をあなどって偉そうにふるまうこと

いうふうに思う。例《たと》えば生徒《せいと》に教《おし》える場合《ばあい》に、こうオクターブを出します、（発声《はっせい》する）これを普通《ふつう》の芸術《げいじゅつ》を修得《しゅうとく》していない人《ひと》に歌ってごらんなさいというとオクターブの下音《かおん》を太く、上音《じょうおん》を細く、心細《こころぼそ》いほど、力《ちから》なく、不《ふ》平均《へいきん》に歌ってしまう。それを、生長《せいちょう》の家《いえ》の神想観《しんそうかん》の時《とき》の呼吸法《こきゅうほう》とぴったり合うわけなんですが、あの呼吸法として、ずっと下腹《したはら》の方《ほう》に息《いき》が下《お》りて行《ゆ》くような呼吸法を一日《にち》五十回《かい》ずつ生徒にやらせるのです。それから今度《こんど》その練《れん》習《しゅう》が自然《しぜん》に出て、頭《あたま》で考えずに正しい呼吸法が出るようになってから、その人の下腹部《かふくぶ》に気息《きそく》が下《お》りて、そこに力が入《はい》るようになってから、つまり今《いま》の呼吸法を一ヵ月《げつ》なり半月《はんつき》なり稽古《けいこ》さしてから「オクターブを上《あが》らずに、反対《はんたい》に、下るつもりで歌ってごらんなさい」という。というのは、腹《はら》にずっと力を入《い》れてずっと下《さ》げて声《こえ》を出すのです。普通の人は腹を引《ひ》っ込《こ》めてやっているから駄目《だめ》なのです。神想観《しんそうかん》の時《とき》の呼吸《こきゅう》と同じことにしてやれば声が無理《むり》がなくてやれるのです。そういう発声法《はっせいほう》を自分《じぶん》で教えて体験《たいけん》していますが、谷《たに》

オクターブ　高さが異なるが音階上で同じ音名を持つ音

気息　いき。呼吸

口《ぐち》先生《せんせい》の被仰《おっしゃ》った通《とお》り、やはり「形《かたち》」のことをすっかり会得《えとく》さしてそれを抜《ぬ》けきるまで練習《れんしゅう》するのですね。そうすれば「心」に対《むか》っても表現《ひょうげん》が出来《でき》るように思うております。

片岡《かたおか》――型《かた》から入《はい》って型《かた》を出るというのは芸道《げいどう》の本道《ほんどう》でしょう。

服部《はっとり》――彫刻家《ちょうこくか》は解剖《かいぼう》を一所懸命《いっしょけんめい》習《なら》ってしかも、解剖を忘れてから本物《ほんもの》が出来《でき》るのと同じですね。

照井《てるい》――ここで問題《もんだい》になることですけれども、いつか先生《せんせい》に申上《もうしあ》げようと思うておったのですが、神想観《しんそうかん》の時《とき》に口と鼻《はな》とここ（眉間《みけん》）から霊気《いき》が出るということですね。あれを谷口先生及《たにぐちせんせいおよ》び「生長《せいちょう》の家《いえ》」の方々《かたがた》に申上《もうしあ》げたいと思っておりましたが、私がかつて外国《がいこく》でゴロゴロしながら声のことを勉強《べんきょう》していながら覚《おぼ》えたことですけれども、声の一番上《ばんうえ》の出《だ》し方《かた》では声が眉間《みけん》から出るのです。解剖学的《かいぼうがくてき》に申《もう》しますとここに額《ひたい》の骨《ほね》が下部《かぶ》に来《き》て二枚《まい》になりまして頭《あたま》（眉間《みけん》）に来《き》て分《わか》れる、横断面的《おうだんめんてき》に見るとくるみの内部位《ないぶくらい》のうつろがあ

うつろ　中身がなくからっぽのところ。空洞

る。眼《め》と眼《め》の間《あいだ》で、少し眉寄《まゆよ》りの間《あいだ》の辺《へん》から、それに声《こえ》がうまいこと共鳴《きょうめい》してくれなければほんとうの声が出ないのです。それは谷口先生《たにぐちせんせい》が合掌《がっしょう》の時《とき》にここから霊気《いき》が出ることをお書きになったのを見ましたが、それでここが声のほんとの出所《でどころ》だということを感《かん》じさせられたのです。ここから来《き》たものが人《ひと》に入《はい》るのです。（発声《はっせい》の見本《みほん》を示さる、眉間《みけん》から声が出るように聞《きこ》える）これが実《じつ》に楽《らく》なんです。これを練習《れんしゅう》していますと、体《からだ》に構《かま》わずに声ばかり出ているような感じになるのです。そうでない出《だ》し方《かた》は、どうしても肉《にく》体《たい》に執《と》われ、苦しいですから。それでほんとの声の出るこの眉間《みけん》の空洞《くうどう》、これが何《なん》の為《ため》に存在《そんざい》しているか十八世紀《せいき》の末葉《まつよう》まではわからなかったのです。声楽《せいがく》の発声法《はっせいほう》の研究《けんきゅう》がだんだん進歩《しんぽ》するにつれてこの眉間《みけん》の空洞が高音《こうおん》を出すために存在していることを発見《はっけん》したのです。それが偶然《ぐうぜん》にもこの神想観《しんそうかん》の時《とき》にここから霊気《れいき》が出るのと符合《ふごう》するので、心息《しんそく》の神秘性《しんぴせい》といったようなことに、非常《ひじょう》に感激《かんげき》している次第《しだい》なのです。息《いき》の調節《ちょうせつ》の仕方《しかた》が合掌

末葉　ある時代の終わりごろ。末期

符合　ぴったりと合致すること

と同じなんです。

谷口《たにぐち》――なるほどね。

習字《しゅうじ》を習《なら》うコツ

野村《のむら》――コツで芸《げい》が進歩《しんぽ》し会得《えとく》して来《く》る。そう思いますが、習字をやってますと、今《いま》までの習字は永字八法《えいじはっぽう》でこの手本《てほん》を見て模写《もしゃ》しその模写のコツで上《じょう》達《たつ》しましたが、私の今の研究《けんきゅう》の方法《ほうほう》では逆筆法《ぎゃくひっぽう》、逆《さか》さに字を書くのです。あなたがこの筆《ふで》を持っておるでしょうが、あなたは真直《まっすぐ》に書く、私は逆《ぎゃく》に書いてそうしてあなたに教《おし》えて上《あ》げる。あなたは真直《まっすぐ》に習うのですな。それでこの筆の毛《け》が、どこで止まって、どこで早く行《い》って又《また》どこで止まるかという、この中《うち》には四《よっ》つも五《いつ》つも止まる点《てん》があり走る点がある。それをあなたが筆を持っておられて私が同じ側《がわ》に坐《すわ》ってここ(手首《てくび》)とここ(肘《ひじ》)とを持ってエ

頭注版㉖九二頁

永字八法 書法の伝授法の一つ。「永」の一字ですべての文字に共通している八種の運筆法を示したもの

ツエッと要点《ようてん》要点に気合《きあい》をかけて以心伝心《いしんでんしん》、腕《うで》から腕へとコツを教《おし》えるのです。それを教えながら同じ文字《もじ》を百字も書くと、五《いつ》つ六《むっ》つの子供《こども》でもちょうど惰力《だりょく》でこっちが手を離《はな》してもコツコツとやる。この時《とき》子供は全《まった》く絵《え》を書くような面白《おもしろ》い気持《きもち》で書くのです。このように逆《ぎゃく》に手を持ってそうしてそれで手が決《きま》ってしまうのです。手が決まれば文字は書けるものです。

コツに二種《しゅ》ある

服部《はっとり》――コツというものに二通《ふたとおり》の見方《みかた》がある、その一《ひと》つはコツというものを一つの型《かた》と観《み》る。そのもう一つはコツとは「名人《めいじん》の境《きょう》」と観《み》る。「コツを教える」といっても「名人の境《きょう》」を教えるのか、型《かた》を教えるのかそこをはっきりしなければならぬということになる。佐藤《さとう》さんの撃剣《げきけん》のヤッヤッとやるあれは、コツでなくして型《かた》である。撃剣《げきけん》の師匠《ししょう》が、こっちが打込《うちこ》んで行《ゆ》く時《とき》

惰力　惰性で動く力

頭注版㉖九三頁

境　物事や人などの置かれている環境。境地

撃剣　剣術。刀剣や木刀、竹刀（しない）などで相手を討って自分を守る武術

に、呼吸《こきゅう》を見計《みはから》って、適当《てきとう》のところで「そこだ！」と叩《たた》かす。あれが本当《ほんとう》のコツである。

佐藤《さとう》——さあ……剣道《けんどう》のコツということは——どうもそうなって来《く》ると説明《せつめい》が出来《でき》なくなってしまうのですけれど。剣道のコツというものは——ぼくは剣道二段《だん》ですが、その二段を貰《もら》う時《とき》の仕合《しあい》でそれがわかったと思いました。もう一《ひと》つは弓《ゆみ》です。弓は三段を貰《もら》っているのですが、ぼくは弓道《きゅうどう》でともかくも今日《こんにち》に到《いた》る腹《はら》の下地《したじ》をつくったのです。

服部《はっとり》——弓というものは当《あた》っても当《あた》るまでが本当の……

佐藤——当《あた》る当《あた》らないは別《べつ》で、型《かた》がしっかり出来《でき》ると、さっき先生《せんせい》が仰言《おっしゃ》った無我《むが》、それがぴちっと出来るというと的《まと》は絶対《ぜったい》に外《はず》れぬものです。ですから、矢《や》を放《はな》つ前《まえ》に当《あた》ったか当《あた》らぬかわかる。構《かま》える時にわかります。こう(弓を構える手つきをして)構えて運んだ時にもうはっきりわかります。それから、引きしぼるまでに雑念《ざつねん》が出て来《く》るようでは弓道じゃありません。邪《じゃ》

弓道　弓で矢を射る武道。また、その作法

邪道　正しくない道

道《どう》に陥《おちい》っていることになるのです。そういうのは、あたってもちょっとも嬉《うれ》しくもないし、弓《ゆみ》を射《い》たという気持《きもち》にもならないものです。

服部《はっとり》――勉強《べんきょう》の一《ひと》つの覗《ねら》いどころというのはそういうことから変化《へんか》して来《く》るのですから。

谷口《たにぐち》――心が一心《いっしん》に澄《す》みきる――そこが覗《ねら》いどころだ。

佐藤《さとう》――覗《ねら》いどころということは？（考えて）コツとはそうかな（思案《しあん》）……そういえば話が大分《だいぶ》旋回《せんかい》して行《い》って感《かん》じが解《わか》らなくなりますけれども。

谷口――形式《けいしき》というものに、無我《むが》に随《したが》う。無我になれば実相《じっそう》が出て来《く》る。すると結局《けっきょく》形式を出て今度《こんど》は本当《ほんとう》の自分《じぶん》の個性《こせい》――個我《こが》を超越《ちょうえつ》した、実相の個性というものが出て来《く》るのでしょう。そこにつまり芸術《げいじゅつ》の名域《めいいき》というか、名境《めいきょう》というのか、そこに達《たっ》するのでしょうね。

旋回　輪をえがくように回ること

ロダンの彫刻《ちょうこく》

片岡《かたおか》――御承知《ごしょうち》のとおり、ロダンは長《なが》らくギリシャを中心《ちゅうしん》に研究《けんきゅう》していた人《ひと》ですが、ロダンがロダンになりきるまでには三十七年《ねん》もかかっています。西洋《せいよう》の彫刻史《ちょうこくし》を見ますと、ギリシャ彫刻《ちょうこく》は面《めん》を四《よっ》つに取扱《とりあつか》いミケランジェロは面を二《ふた》つに取扱《とりあつか》っています。それらの彫刻史上《ちょうこくしじょう》の山を登《のぼ》って十九世紀《せいき》から二十世紀初頭《しょとう》に当《あた》って出ました巨人《きょじん》ロダンは面を一《ひと》つに見たのです。それは東京美術学校《とうきょうびじゅつがっこう》にございますバルザック像《ぞう》です。これで彫刻らしく生命《せいめい》あるものになったのです。ロダンの一生《いっしょう》は彫刻に生命《せいめい》を与えたことでありまして、なかなかの努力《どりょく》であったと申《もう》してよろしいことでしょう。ロダンの覘《ねら》いは生命《せいめい》の表現《ひょうげん》にあったのです。芸道《げいどう》のことはなかなかコツといっても、ある修練《しゅうれん》には当《あ》て嵌《は》められもしようが、これは問題《もんだい》のあることと存《ぞん》じ

頭注版㉖九五頁

ロダン François-Auguste René Rodin 一八四〇～一九一七年。フランスの彫刻家。「近代彫刻の父」とされる。代表作は「地獄の門」「考える人」など

ミケランジェロ Mchelangelo di Lodovico 一四七五～一五六四年。イタリアの彫刻家・画家・建築家・詩人。西洋美術史上のあらゆる分野に大きな影響を与えた。ヴァチカンの天井画「最後の審判」などが有名

東京美術学校 我が国で最初の官立の美術教員および美術家養成機関。明治十八年に文部省に図画取調掛が置かれ、岡倉覚三(天心)やフェノロサらが準備にあたり同二十年に設置された。昭和二十四年に東京藝術大学美術学部となった

ます。根強《ねづよ》く手法《しゅほう》を修練《しゅうれん》しまして、その手法《しゅほう》をもって生命《せいめい》(神)を本当《ほんとう》に写《うつ》し出《だ》すということにあると思われます。ロダンの場合《ばあい》はロダン自身《じしん》の生命《せいめい》にしたがってギリシャを研究《けんきゅう》し抜《ぬ》いて、それから彫刻史上のバルザックを作りあげたのでありますから、芸道《げいどう》の初《はじめ》のコツは手法《しゅほう》を磨《みが》くことで、手法《しゅほう》は神を写し出すものであります。それを卒業《そつぎょう》しましたら、作られるものそのものは華《はな》となって現《あらわ》れ、芸術《げいじゅつ》の粋《すい》となって飾《かざ》られます。芸術にとって初歩《しょほ》は、コツは必要《ひつよう》かも知れませんが、コツに引掛《ひっかか》ってしまったらおしまいで、結局《けっきょく》は無我《むが》になって神(自然《しぜん》)の黙示《もくし》にお従《したが》い申《もう》すことにあると存《ぞん》じます。

佐藤《さとう》――今《いま》の服部先生《はっとりせんせい》のですね、お話のコツというのは、今、こういうことじゃないかと考えるのですが、――昔弓《むかしゆみ》をやっておった時分《じぶん》のことです。しぼりといいますか引詰《ひきつ》めて来《き》て放《はな》つまでの間《あいだ》の気持《きもち》が、どうしてもわからなかったことがあるのです。それを半月位《はんつきぐらい》、毎日夕方《まいにちゆうがた》一時間行《じかんおこな》って稽古《けいこ》したのですけれども、十五、六歳《さい》の時《とき》でした。どうしてもその頃合《ころあい》がわからな

バルザック像　ロダンが制作したフランスの小説家バルザックの肖像。フランスや日本国内に複数存在する

粋　特にすぐれているもの

黙示　神が人に真理を示すこと

いのです。解《わか》らないといっても、弦《つる》を離《はな》すことだけなんですが、私が、弓《ゆみ》を教《おそ》わったのは、大泉成功《おおいずみせいこう》という先生《せんせい》でしたが、先生はだまって脇《わき》で見ておって、何《なに》もいいませんでした。それが、半月程工夫《はんつきほどくふう》した時《とき》に、引絞《ひきしぼ》ってしばらく抑《おさ》えているとヤッと脇《わき》から気合《きあい》を入れてくれました。それでフッと矢《や》が離れました。その時にハッキリと、ハハアとわかった。ああいう教え方《おしかた》をしてもらうのがツボを摑《つか》んでコツを呑込《のみこ》ませてくれることだろうと思う。そこから心境《しんきょう》というものは開《ひら》けて来《き》たのですけれども、今《いま》、美術教育《びじゅつきょういく》でも、生花《いけばな》でも何《なに》かそういうものはあるだろうとは思いますが。

服部《はっとり》――大内《おおうち》という弓《ゆみ》の師範《しはん》がありますが、この方《かた》に『生命《せいめい》の實相《じっそう》』の話をしてみましたら、その話を通《とお》して、自分《じぶん》は弓の師範であるが、今弓の極意《ごくい》を教《おそ》わった。弓の極意《ごくい》はこれだといっていました。弓では、「放《はな》たぬ弓」というのがある、それが極意《ごくい》だそうです。非常《ひじょう》に味《あじ》わいのある言葉だと思う。

佐藤《さとう》――その呼吸《こきゅう》がわからなかったのですよ。その「放たぬ弓」という呼吸

師範　学問や技芸を教える人

極意　武道や芸事などで、その道を極めたときに体得することができる深遠な境地。奥義

がわからなかった。いつ放《はな》つか、いつ放さなければならないのかそこのところがわからぬ。先生《せんせい》の気合《きあい》がはいった時《とき》に、スッと矢《や》が抜《ぬ》けて行《い》った。それではっきりわかったのです。それはもう慥《たし》かに、「放たぬ弓」という極意《ごくい》は、ハッキリそうですね。ですから、「放《はな》とう」と思って放った弓《ゆみ》は必《かなら》ず無《む》理《り》がある。ひょろひょろと矢筈《やはず》がふるえて行《ゆ》きます。ところがスッと抜けて行《い》った矢はスッと行《い》ってプツッときまるのです。そういうのにはやはり教《おし》えるコツはあるだろうけれども、自得《じとく》の境地《きょうち》だろうと思うのですがね。自得させるコツを教えなければいけないだろうと思うのです。

谷口《たにぐち》――やはり師匠《ししょう》が「生命《せいめい》の実相《じっそう》」を摑《つか》んでいて側《そば》にいて気合《きあい》をかけてくれると好《い》いのだね。

野村《のむら》――それは師匠の問題《もんだい》で、弟子《でし》の方《ほう》の問題では、先程《さきほど》いわれた努力《どりょく》の問題、生徒《せいと》が努力に努力を重《かさ》ねてその事《こと》に精神《せいしん》を集 中《しゅうちゅう》し工夫三昧《くふうざんまい》に生《い》きているその時立派《りっぱ》な先生、充 分《じゅうぶん》出来《でき》た先生が適当《てきとう》の時機《じき》を見許《みはか》らい即《すなわ》ち遅《おそ》から

慥かに　確かに。間違いなく

矢筈　矢の上端の、弓の弦を受ける部分

工夫三昧　集中して一心に工夫すること

時機　行うのにちょうど適した機会

ず早からぬ申分《もうしぶん》なき時機《じき》に「最《もっと》も適当《てきとう》な注意《ちゅうい》」を与えますと生徒《せいと》はその時《とき》撥《はじ》かれたように何《なに》か霊感《れいかん》に打たれたように「なる程《ほど》ここだなあ」と悟《さと》る。そこにコツがあるのだろうと思います。

山根《やまね》――その努力《どりょく》が努力とわかるような努力だったらいけないのですね。努力を意識《いしき》するような努力だったらまだ努力が足りない。努力ということがなくなってしまったところへまで行《ゆ》かなくちゃ努力の効果《こうか》がない。勉強《べんきょう》も同じことで、勉強ということを意識している中《うち》は本当《ほんとう》の勉強じゃない。だから本当に勉強すると、病気《びょうき》のわるいところでも治《なお》ってしまう。

コツは自分《じぶん》が全的《ぜんてき》になったとき自分で発見《はっけん》する

頭注版㉖九八頁

吉田《よしだ》――私の経験《けいけん》から一言《ごん》申させて戴《いただ》きますと、これがコツであるといって人《ひと》に教《おし》えることはちょっと難《むつ》かしいのではないかと思うのです。これにはこうしたらよい、ここはこうしたらよいと言葉なり形《かたち》なりで教《おし》えようとする時《とき》コツのコツたるところは抜《ぬ》け出《だ》してしまっている。悟《さと》りの境地《きょうち》は口へ出して説明《せつめい》出来《でき》ないと思いますがコツもそうだと思うのです。Aの悟りとBの悟りとでは一《ひと》つ一つ魂《たましい》へうけとって行《い》ったものが違《ちが》う。知らず知らずうけとって行《い》ってハッと気がついた時に自分《じぶん》が今仏《いまほとけ》の国《くに》にいることを知る。仏《ほとけ》そのものであることを知る。それと同じように勉強《べんきょう》のコツでも自分がその中《なか》へ入《はい》って生《い》きているうちに日《ひ》がすぎ時が経《た》つにつれて一つ一つ受取《うけと》ってゆくものがある。そして振返《ふりかえ》ってみた時に自分の個性《こせい》に合致《がっち》したところのコツが身《み》についている。これは先生《せんせい》のコツでもなければ友人《ゆうじん》のコツでもない。その人《ひと》一人《ひとり》だけのコツです。このようにコツはひとりひとり違うものだと思います。

ですから、本当《ほんとう》のコツは生活《せいかつ》の中《うち》から自《おのず》からに自分が受取《うけと》ってゆくのだと思います。得《え》ようとして得《え》られるものでもない。が我々《われわれ》が生《い》きてゆくときに生活《せいかつ》から泌《にじ》み出《で》て積《つも》り積《つも》って行《ゆ》きそしてふと振返《ふりかえ》ってみた時《とき》にいつの間《ま》にかポカリとそこに生《うま》れ出《で》ているものだと思います。ですから極《ご》く浅《あさ》い意味《いみ》でコツの外形《がいけい》(こんな言葉がゆるされますならば)といったものは語《かた》り得《う》るかも知れませんが、コツそのものは人《ひと》に与えてやることは不可能《ふかのう》であると思います。

それで私の経験《けいけん》からいってもこれがコツであるといって人から知らされたことはほとんど自分《じぶん》の身《み》になっていない。そこで私は行《ゆ》き方《かた》をかえたわけです。何《なん》でもよいから自分の魂《たましい》がそこへ入《はい》ってゆくようにやる。コツを探《さぐ》ろうとすることをやめて自分が今《いま》しようとすることの意義《いぎ》を求め、或《あるい》はその他《た》の方法《ほうほう》によって自分の魂《たましい》が勉強《べんきょう》なら勉強、仕事《しごと》なら仕事に一《ひと》つの隙間《すきま》もなく全身的《ぜんしんてき》に入《はい》ってゆけるようにして行《い》ったのです。魂《たましい》が全的《ぜんてき》にそこにぶちこまれてゆくと、そこからうけとってくるものが非常《ひじょう》に多い。コツというものもその中《なか》から自《おの》ずと案外容易《あんがいようい》に生《うま》れてくるのです。魂《たましい》が仕事というもののの外《そと》にいて、コツはコツはといって尋《たず》ねあぐんでいる時《とき》よりも一層容易《いっそうよう い》に生《うま》れてくるという事《こと》を知ったのです。ですから、コツは示すことは出来《でき》ない。けれどもコツをうる方法《ほうほう》といったものは示すことが出来ると思うのです。その方法《ほうほう》に従《したが》って自分《じぶん》そのものを全的《ぜんてき》に打込《うちこ》んで生《い》きて行《ゆ》くとき、自然《しぜん》にコツが得《え》られるのだと思うのです。この本質的《ほんしつてき》な意義《いぎ》、絶対的《ぜったいてき》な意義を知ることがまず必要《ひつよう》です。ここに「生長《せいちょう》の家《いえ》」による生命的《せいめいてき》な意義の探求《たんきゅう》が必要となってくると思うのです。

山根《やまね》――そこなんです。生花《いけばな》にせよ、茶道《さどう》にせよ、先生《せんせい》が教《おし》えるそこを一度《ど》通《とお》って、それから後《あと》は各人《かくじん》が自得《じとく》するのです。

私が病気《びょうき》を征服《せいふく》したコツ

吉田《よしだ》――私が過去《かこ》に色々難病《いろいろなんびょう》にさいなまれ、思想的《しそうてき》には犠牲《ぎせい》を肯定《こうてい》する宿《しゅく》

あぐむ　物事がうまくゆかず、いやになること。あぐねる

探求　さがし求めること

頭注版㉖一〇〇頁

宿命観　人の運命は生まれる前から定まっていてどうすることもできないとする考え方。宿命論

命観《めいかん》などから何度《なんど》か真剣《しんけん》に死を決《けっ》したことがありますが、本当《ほんとう》に病気《びょうき》が重《おも》って壁際迄《かべぎわまで》おしこめられ、もう駄目《だめ》かも知れんと医者《いしゃ》にもいわれ、自分《じぶん》にもそんな予感《よかん》がした時《とき》に、どんなことをしてももう一度《どい》生きたいという考えが胸《むね》をついてきたのです。その時、生きたいという欲望《よくぼう》が実《じつ》に根強《ねづよ》く心の奥底《おくそこ》に蟠居《ばんきょ》していたことを知らされると同時《どうじ》に、人間《にんげん》の頭《あたま》であれこれと考えたことなど、さももっともらしく確乎《かっこ》としたものに思われたことでも陽炎《かげろう》のようにたよりないものだと思ったのです。そのころから私は人間知《にんげんち》というものを全《まった》くたよりなく思い始めたのです。当時《とうじ》はただそれだけで確乎《かっこ》とした魂《たましい》のよりどころもなく空漠《くうばく》としていたのですが、「生長《せいちょう》の家《いえ》」へ来《き》てからその奥《おく》に神と繋《つな》がっている自分を見出《みいだ》すことが出来《でき》たのです。これは私の生活態度《せいかつたいど》といえばいえるのですが、この神と一枚《まい》の自分をたえず心に印象《いんしょう》づける、聖《せい》典《てん》を読む、神想観《しんそうかん》を修行《しゅぎょう》する、そして一《ひと》つ一つの現象《げんしょう》にぶつかっては、心をひっかけることなく、ただ催すがままに生きる。そこに、自《おのず》からに道《みち》がひ

重る　病気が重くなる

蟠居　しっかりと根を張ること

さも　いかにも

確乎　しっかりとしていて動かないさま

陽炎　春のうららかな日に地上から立つ水蒸気によって光が揺らいで見えるもの。かぎろい

空漠　つかみどころがないこと

聖典　宗教の教義の根本となる書物。ここでは主に『生命の實相』を指す

らけ、神の恵《めぐ》みが生《い》きてくる。ですから、コツというものも探《さぐ》ろうとしない。コツを探る余裕《よゆう》があったなれば神との一体感《いったいかん》を深める、これが結局本《けっきょくほん》当《とう》にコツを探っている事《こと》になるかと思うのです。

生命《せいめい》を生《い》かすコツは医者《いしゃ》の言葉に執《とら》われぬこと

中嶋《なかじま》――私のところの子供《こども》の教育《きょういく》について一《ひと》つ述《の》べさして頂《いただ》きます。上《うえ》の子もそうであったのですが、下《した》の中学《ちゅうがく》五年《ねん》の子が非常《ひじょう》に人《ひと》に可愛《かわい》がられる子でありまして、そうして誰《たれ》にでも褒《ほ》められる子である。そういうふうに初《はじ》めて小学校《しょうがっこう》に行《い》ったその時《とき》も、一年生《ねんせい》の時に、一番幼稚《ようち》であって、一番小さくて、一番善《よ》く出来《でき》るということを先生《せんせい》から絶《た》えずいわれていたのですが、そういうふうにだんだんやって行《ゆ》く間《あいだ》にずっと成績《せいせき》が進んでまいりました。その時のことを今《いま》から考えてみますと、どこへ行《い》っても褒《ほ》められ、学校《がっこう》

頭注版㉖一〇一頁

中学　旧制中学校。旧制高等学校への進学を目指した男子中等普通教育機関。昭和二十二年に新制の中学校、高等学校に改編された

では一番《ばん》出来《でき》るといわれたので、自分《じぶん》はいい子であってよく出来るのだという自覚《じかく》を与えてもらったのがコツであったかと思うのです。そうして尋《じん》常《じょう》四年《ねん》の時《とき》に遠視眼《えんしがん》だといわれて眼鏡《めがね》をかけ始《はじ》めたのですけれども、乱視《らんし》も少《すこ》しあるといわれたのですが、そんなことに頓著《とんじゃく》なしによく出来るので褒《ほ》められていました。それから県立《けんりつ》の第《だい》一中学《ちゅうがく》に入《はい》って、野球《やきゅう》もやれば、テニス、水泳《すいえい》、柔道《じゅうどう》もやる。そうして非常《ひじょう》に素直《すなお》な子供《こども》で、柔道の型《かた》なんか一《ひと》つも間違《まちが》えずに慣《な》れて来《き》て、だんだん大きな人《ひと》でも投げるようになり体《たい》格《かく》も人並《ひとなみ》に大きくなりました。今度《こんど》東京《とうきょう》へ帰って来《き》たから眼《め》が治《なお》るだろうというので、方々《ほうぼう》の眼科医《がんかい》に見てもらったが治《なお》らないばかりか、或《あ》る博士《はくし》がこの子はとても治《なお》らない、非常にひどいのだから勉強《べんきょう》さしてはいけないという。あまり勉強すると神経衰弱《しんけいすいじゃく》になる、それを聞いていたものだから、その言葉の力《ちから》に引掛《ひっかか》って動きがとれなくなり、青雲《せいうん》の志《こころざし》が砕《くだ》けてしまって僅《わず》か二、三ヵ月《げつ》の間《あいだ》にフラフラになってひどい神経衰弱になって、頬《ほほ》なんか

尋常　尋常小学校。明治十九年に設置された満六歳以上の児童に初等教育を行った義務教育の小学校。修業年限は当初四年、明治四十年からは六年となった

頓著なし　物事を深く心にかけないさま

神経衰弱　心身過労などを誘因として神経系統の働きが低下し、神経過敏・脱力感・不眠などの症状を呈する疾患。アメリカの医師G・M・ビアードが一八八〇年に初めて用いた用語

青雲の志　立身出世をしようとする志

おちこんでふらふらになったのです。そして恐怖《きょうふ》と失望《しつぼう》に包《つつ》まれていたのです。ところがその時大変有難《ときたいへんありがた》い御神縁《ごしんえん》をうけまして生長《せいちょう》の家《いえ》を知らして頂《いただ》き、彼《かれ》にも革表紙《かわびょうし》の『生命《せいめい》の實相《じっそう》』を与えたけれども、初《はじ》めは赤《あか》ン坊《ぼう》がおもちゃを貰《もら》ったように「好《い》い本ですなァ」といって眺《なが》めたり弄《いじ》ったりしているばかりでなかなか読む能力《のうりょく》がないのです。今《いま》まで秀才《しゅうさい》といわれておった子供《こども》がこの有様《ありさま》で、名状《めいじょう》すべからざる有様《ありさま》になったのですから親《おや》としては可哀想《かわいそう》で可哀想《かわいそう》でたまらないのです。ところが『生命《せいめい》の實相《じっそう》』を親がよく読めばその念《ねん》が通《つう》じて子供の不調和《ふちょうわ》がよくなるのだと谷口先生《たにぐちせんせい》からいわれ親の心が歪《ゆが》んでおるといけないから、その歪《ゆが》みを正しくしなければならないというわけで、それで、一所懸命《いっしょけんめい》に我々夫婦《われわれふうふ》が聖典《せいてん》を読みました。ところが二ヵ月位《げつぐらい》の間《あいだ》に、どうにかこうにか取返《とりかえ》しまして、その頃《ころ》には自分《じぶん》にも読む気になったのです。そうして、お前《まえ》はもう少《すこ》しもわるいのじゃないぞといって聞かして、今度《こんど》は又褒《またほ》められておった時代《じだい》のことを呼《よ》び返《かえ》して来《き》たのと、

御神縁　神の導き。神の計らい

名状すべからざる　言葉で表現することができない

谷口先生《たにぐちせんせい》から勉強《べんきょう》はいくらしてもよい、すればする程《ほど》よいのだといわれて益々元気附《ますますげんきづ》き、学校《がっこう》へ行《い》って英語《えいご》なんかはほとんど以前《いぜん》のとおり覚《おぼ》えるようになり、また子供《こども》の時《とき》の状態《じょうたい》に変《かわ》って来《き》ました。先々月《せんせんげつ》十月《がつ》の始《はじ》め秋季《しゅうき》の体育会《たいいくかい》の時に水泳《すいえい》に出ろといわれて、練習《れんしゅう》してないからといっておったが、お前《まえ》は神想観《しんそうかん》をして神の子の自覚《じかく》が出来《でき》たじゃないか、自分《じぶん》の業《わざ》ではない神の力《ちから》でなす業《わざ》だと思うて尻込《しりご》みしてはいけないといってやりましたら、そうだ神の子だといって、元気《げんき》で出て行《ゆ》きましたが、果《はた》して記録《レコード》を二《ふた》つ持って帰りました。或《あ》る晩《ばん》お山《やま》で私も行《い》っておりましたら前《まえ》の方《ほう》で「先生《せんせい》この頃《ごろ》成績《せいせき》もよくなりました。水泳も大変《たいへん》よくなったのですけれどもまだ悪霊《あくれい》の関《かん》係《けい》があるのでしょうか」と伺《うかが》っておって、この質問《しつもん》は普通《ふつう》の方《かた》が聞いておられれば相当愚問《そうとうぐもん》だと思われるでしょう。勉強も水泳も随分上達《ずいぶんじょうたつ》して尚悪霊《なおあくれい》云々《うんぬん》の質問です。しかし彼《かれ》の最近《さいきん》の過去《かこ》を知っている私にはこの質問は実《じつ》に涙《なみだ》ぐましいものであったのです。それに対《たい》し先生が「よくなるものに悪霊《あくれい》は

お山　著者の東京移転後の自宅の愛称。ここで誌友会が開催された

愚問　くだらない質問

ないのですよ」とやさしくこう被仰《おっしゃ》って頂《いただ》いたので、もう俺《おれ》には悪霊《あくれい》はないのだ、もう大丈夫《だいじょうぶ》だといって大変《たいへん》な悦《よろこ》びかたでした。その時何《ときなに》かの拍子《ひょうし》で引張《ひっぱ》り出《だ》して頂いたのがやはり一《ひと》つのコツ。英語《えいご》なんかは余程取戻《よほどとりもど》していますす。ただ数学《すうがく》が途中抜《とちゅうぬ》けてますので、これは家内《かない》の弟《おとうと》が帝大工科《ていだいこうか》におりますから見てくれておりますけれども見込《みこみ》は充分《じゅうぶん》だといっています。一週間《しゅうかん》ほど前《まえ》に柔道《じゅうどう》の試験《しけん》があったのですけれども、これだけは練習《れんしゅう》してないから体力《たいりょく》が続かないで到底駄目《とうていだめ》だろうといいますから「お前水泳《まえすいえい》の時あんなに出来《でき》たじゃないか、神の子に出来ないということはないじゃないか」といってやりましたら「そうだ、神さまを忘れると僕《ぼく》は駄目《だめ》だな」といって出て行《ゆ》きましたが、敵手《てきしゅ》に勝って初段《しょだん》になって帰ってまいりました。こうなりますと、全《まった》く以心伝心《いしんでんしん》みたいに一《ひと》つのコツを摑《つか》んだのではありますまいかと思っております。

帝大　旧制の帝国大学。ここでは東京帝国大学を指す

敵手　自分と同じくらいの力を持つ相手。好敵手

本当《ほんとう》の教育《きょういく》の覘《ねら》いどころは家庭《かてい》を良《よ》くするにある

松本《まつもと》――今《いま》、中嶋《なかじま》さんのお話で、非常《ひじょう》にお子さんの素直《すなお》に育っていらっしゃることを、ありがたく伺《うかが》わせて頂《いただ》きました。それについて、ずっと以前《いぜん》でございますが、東京女子大《とうきょうじょしだい》の学長《がくちょう》の安井哲子先生《やすいてつこせんせい》が、或《あ》る日《ひ》或《あ》る女学校《じょがっこう》でお話し下《くだ》さいました御話《おはなし》の中《なか》に、「世《よ》の子供達《こどもたち》が女にしろ男にしろ、自分《じぶん》の本当に理想的《りそうてき》な男子《だんし》は自分のお父《とう》さんに見る。理想的な婦人《ふじん》は自分のお母《かあ》さんに見る、というようにありたい」と、おっしゃいました御言葉《おことば》が、深く深く頭《あたま》にしみこんでいるのでございます。教育のすべてはそれにつきていると思うので、今又《いままた》新しく中嶋さんの家庭《かてい》の御《お》ゆかしさに頭が下《さが》るのでございます。人間《にんげん》が現世《げんぜ》を生《い》きるに最《もっと》もむつかしいのは、本当に家庭を生《い》きることで、又《また》一番大事《ばんだいじ》な事《こと》も本当に家庭を生《い》きることだと思わせられます。聖典《せいてん》に

頭注版㉖一〇五頁

東京女子大　東京都杉並区にある私立大学。大正七年にキリスト教主義に基づいて設立された。初代学長は新渡戸稲造。昭和二十三年に新制大学に移行した

安井哲子先生　安井てつ。明治三～昭和二十年。新渡戸稲造の下で東京女子大学の学監を務め、昭和十二年に第二代学長に就任した。遺文集に青山なを編『若き日のあと―安井てつ書簡集―』などがある

女学校　旧制で、女子の中等教育を行った学校。高等女学校

ゆかしさ　上品で深みのあること。心が引きつけられるさま

現世　現在生きている世界。この世

も家庭《かてい》は神の子の生活《せいかつ》を実現《じつげん》する道場《どうじょう》だと、仰《おお》せられてあります。家庭が天国《てんごく》でありさえすれば、世《よ》の中《なか》は即光明世界《そくこうみょうせかい》となるのですから、本当の教《きょう》育《いく》のねらいどころは、赤《あか》ん坊《ぼう》の生活から老人《ろうじん》の生活まで、よい家庭人《かていじん》にさせることだと思っております。

苦労《くろう》を有難《ありがた》く受けて行《ゆ》ける処世《しょせい》のコツが判《わか》る

栗原《くりはら》――今日《きょう》は皆《みな》さんから色々有益《いろいろゆうえき》な話をお聞きしましたが、要《よう》するに私は、苦労と言うものは人間《にんげん》を研《みが》くものであって、それは何《なん》百冊《さつ》の本を読んだよりも余計《よけい》に自分《じぶん》を研《みが》いてくれたような気がする。しかし私はこの世《よ》に苦労があると思うていたが故《ゆえ》に、苦労を引受《ひきう》けていたような観《かん》がある。そうして苦しみどおしで三十七歳《さい》の今日迄過《こんにちまですご》して来《き》た。過去《かこ》の話は長いが十六歳《さい》の時《とき》から家《いえ》を飛《と》び出《だ》し、流浪《るろう》し、苦学《くがく》し、甚《はなは》だしい時には二週間《しゅうかん》近くもごはん

頭注版㉖一〇六頁

処世　世間と交わってうまく生活してゆくこと。世渡り

流浪　住む所を定めず、さまよい歩くこと。さすらうこと

を食べられずにいたこともあり、今《いま》から顧《かえり》みればいささかトッピにも思えるが文房具屋《ぶんぼうぐや》に一円《えん》五十銭借金《せんしゃっきん》してそれが返せない為《ため》、一ヵ月半《げつはん》の間《あいだ》真剣《しんけん》に死ぬことばかりを考えていたこともあった。こうしたことが知《し》らず識《し》らずの中《うち》に自分《じぶん》を研《みが》いてくれたような気がする。如何《いか》なる名著《めいちょ》もこの苦々《にがにが》しい体験《たいけん》から得《え》たところの心の磨《みが》きには到底及《とうていおよ》ぶべくもないような気がします。こうした問題《もんだい》について、教《おし》えてくれる学校《がっこう》はないのです。本当《ほんとう》に渇飢《かつう》えた生命《せいめい》、枯死《こし》せんとする生命《せいめい》を甦《よみがえ》らしてくれるところの、真《しん》から甦《よみがえ》らしてくれるところの学問《がくもん》というものはない。それで私は随分《ずいぶん》と無駄《むだ》に生命《せいめい》を摺《す》りへらしていたような気がするが、やっと生長《せいちょう》の家《いえ》の『生命《せいめい》の實相《じっそう》』がそれを完全《かんぜん》に救《すく》ってくれたわけなのですが、私は小学校《しょうがっこう》から大学《だいがく》を通《つう》じてこの生命《せいめい》の教《きょう》育《いく》が本当に心から望《のぞ》ましい。苦労《くろう》を不幸《ふこう》だと呪《のろ》いながらする苦労と、苦労を自分を研《みが》いてくれる砥石《といし》だと有難《ありがた》く受けてする苦労とは自《おのず》から千里《せんり》の隔《へだた》りがあり、生命《せいめい》の伸展《しんてん》の上《うえ》にも大変《たいへん》な相違《そうい》が出来《でき》て来《く》るわけです。そうした

トッピ　考えもつかないほど、ひどく変わっているさま。突飛

一円五十銭　現在の約三千～四千五百円に相当する。昭和初期の一円は現在の約二～三千円にあたる

及ぶべくもない　とてもかなわない。並ぶこともできない

渇飢えた　喉がかわき腹が減るように、あるものに非常に欠乏を感じているさま

砥石　刃物や石材などを研いだり磨いたりする石

千里　きわめて遠い所。一里は約四キロメートル

伸展　伸びひろがること

なら、生活苦《せいかつく》も、就職難《しゅうしょくなん》も一切《いっさい》が解決《かいけつ》されて、人生《じんせい》とはかくも美しく明るいものであるかとの、光明一元《こうみょういちげん》の生活《せいかつ》が出来《でき》るんですがねえ……。

谷口《たにぐち》――あまり時間《じかん》が長くなりますから、この辺《へん》で閉会《へいかい》に致《いた》します。皆様有《みなさまあり》難《がと》うございました。

（昭和《しょうわ》十年十一月二十九日、生長《せいちょう》の家本部《いえほんぶ》座《ざ》談室《だんしつ》にて）

生長の家本部　昭和九年に神戸から移転して現在の東京都渋谷区原宿に置かれ、その後港区赤坂に移り、さらに昭和二十九年、原宿に移った

第十二章　宗教教育《しゅうきょうきょういく》を如何《いか》に施《ほどこ》すか

出席者――谷口雅春、井上仁吉（香蘭女学校校長）、平塚明子（社会評論家）、辻村楠造（陸軍主計総監）、立仙淳三、岡村寶慧、山本しげ子、佐藤彬、松本恒子

谷口《たにぐち》――近頃《ちかごろ》、宗教教育を学校教育《がっこうきょういく》に如何《いか》に応用《おうよう》するかという問題《もんだい》が大分論《だいぶろん》

頭注版㉖一〇八頁

井上仁吉　明治元年〜昭和二十二年。応用化学者、工学博士。東京帝国大学教授、東北帝国大学総長等を歴任し、昭和八年に香蘭女学校校長に就任した

香蘭女学校　現在の東京都品川区にある香蘭女学校中等科・高等科の旧校名。明治二十一年にイギリス国教会の宣教師により開校。ガールスカウトの発祥地。著者の長女谷口恵美子の母校

平塚明子　平塚らいてう。明治十九〜昭和四十六年。明治四十四年に文芸雑誌『青鞜』を創刊。婦人参政権運動等に携わる。生長の家の婦人雑誌『白鳩』昭和十二年二月号に「らいてう」の筆名で「母である歓び」を寄稿

議研究《ぎけんきゅう》せられるような様子《ようす》で、文部当局《もんぶとうきょく》の方《ほう》でも宗教教育《しゅうきょうきょういく》を或《あ》る程度《ていど》まで学校教育《がっこうきょういく》に採用《さいよう》してもいいというふうな意向《いこう》を持っておられることを承《うけたまわ》りましたので、それでは、如何《いか》に宗教教育を学校教育に応用《おうよう》したらいいか、それについてはその内容及《ないようおよ》び方法《ほうほう》――その具体的問題《ぐたいてきもんだい》、或《あるい》は一層広汎的《いっそうこうはんてき》な一般的《いっぱんてき》な宗教教育の理想《りそう》というような方面《ほうめん》についても承《うけたまわ》りたいと思いましてお集《あつま》り願《ねが》ったのであります。最近《さいきん》、宗教法案《しゅうきょうほうあん》というものが文部省《もんぶしょう》から発《はっ》表《ぴょう》せられまして、議会《ぎかい》を通過《つうか》するかどうかは知りませんけれども、あれを拝《はい》見《けん》しましたところ、肝腎《かんじん》の「宗教《しゅうきょう》とは何《なん》ぞや」ということがどこの項目《こうもく》にも書いてないのであります。それで、宗教的情操《しゅうきょうてきじょうそう》を学校教育に施《ほどこ》すという場合《ばあい》に、宗教とは何《なん》ぞやという根本的《こんぽんてき》な命題《めいだい》がわかっていなければ、結《けっ》局《きょく》、宗教教育といっても宗教情操《しゅうきょうじょうそう》といってもそれがわからないことになると思うのであります。ここで、宗教とは一体《いったい》どういうものであるかという皆《みな》さんのお考《かんがえ》を大体《だいたい》承《うけたまわ》っておきたいと思うのであります。先《ま》ず井上先生《いのうえせんせい》

広汎的　範囲が広いこと

情操　美しいものやすぐれたものに接して感動する情感豊かな心

命題　論理的な判断を言語または記号で表現したもの

からお考《かんがえ》がおありでしたら——

香蘭女学校《こうらんじょがっこう》の宗教《しゅうきょう》教育《きょういく》

井上《いのうえ》——私は今《いま》、キリスト教《きょう》の方《ほう》の学校《がっこう》に関係《かんけい》しておりまして、キリスト教の難《むつか》しい教理《きょうり》だとかいうことは実《じつ》は知らないので、唯《た》だ平信者《ひらしんじゃ》として女学校《じょがっこう》の校長《こうちょう》の席《せき》を汚《けが》しておるわけです。あすこの学校はキリスト教の聖公会《せいこうかい》に属《ぞく》しておる学校で、聖公会《せいこうかい》と申《もう》しますと英国《えいこく》の教会《きょうかい》で、あすこの出来《でき》たのは明治《めいじ》二十一年、教育勅語《きょういくちょくご》渙発前《かんぱつぜん》であります。その当時《とうじ》は日本《にっぽん》の女子教育《じょしきょういく》というものに何等《なんら》の方針《ほうしん》がなかったようでありまして、……男子《だんし》も女子《じょし》も同じように教育《きょういく》をしておって、そういうことは我々《われわれ》もその当時《とうじ》青年《せいねん》でありましてよく目撃《もくげき》して知っておるのでありますが、手紙《てがみ》の文句《もんく》も男子と同じようなふうで、誠《まこと》に殺伐《さつばつ》な、婦人《ふじん》に出来そうもないような気持《きもち》が西洋人《せいようじん》の目に映《えい》

頭注版㉖一〇九頁

キリスト教 ユダヤ教を母体としてパレスチナに興る。世界三大宗教の一つ。唯一絶対の神を奉じ、現在に至るまで欧米文化の基盤をなしている。イエス・キリストが始祖

教理 宗教上の教義の体系

聖公会 イギリス国教会の系統に属する教会。アングリカン・チャーチ

教育勅語 明治二十三年十月三十日に発布された「教育ニ関スル勅語」。国民の守るべき徳目を掲げ、教育の根本精神を提示している

渙発 勅令などを広く天下に発布すること

殺伐 潤いや温かみが感じられないさま

じたのでございましょう、それを何《なん》とかして、日本《にっぽん》の婦道《ふどう》をどこまでも毀《こわ》さぬように、そうしてキリスト教《きょう》の精神主義《せいしんしゅぎ》によってその仕上《しあ》げを一《ひと》つにしたいという考《かんがえ》で女学校《じょがっこう》が出来《でき》たのでございます。それで専《もっぱ》ら英国《えいこく》の高等《こうとう》、普《ふ》通教育《つうきょういく》、殊《こと》に最《もっと》も大切《たいせつ》なところは宗教的情操《しゅうきょうてきじょうそう》を涵養《かんよう》する——その宗教的情操を涵養《かんよう》するというのはどういうふうにするかというと、始《はじ》め一同《いちどう》を集《あつ》めて聖書《せいしょ》の講義《こうぎ》をする、今《いま》でもずっと続いてやっておりますが、一年生《ねんせい》から五年生まで一週《しゅう》二、三回位《かいぐらい》であったと思いますが、西洋人《せいようじん》が覚束《おぼつか》ない日本語《にっぽんご》でやります。わかってもわからなくてもその西洋人の教師《きょうし》の本当《ほんとう》に篤信《とくしん》な精《せい》神態度《しんたいど》が映《うつ》るようです。なお毎朝講堂《まいあさこうどう》に全部授業前《ぜんぶじゅぎょうぜん》に職員生徒《しょくいんせいと》が集《あつま》りましてそうして聖歌《せいか》を歌ってそれから簡単《かんたん》なお祈《いの》りをする、それには神のみ恵《めぐ》みを謝《しゃ》し、神を讃美《さんび》し、なお聖霊《せいれい》の加護《かご》によってイエス・キリストの御心《みこころ》に違《たが》わぬように導《みちび》いて頂《いただ》きたいという簡単なお祈りを致《いた》します。それからちょっと一分間《ぷんかん》ほど跪《ひざまず》いて黙禱《もくとう》をやるのでございます。ずっと並《なら》んで講堂

婦道　女性の守るべき道

涵養　水がしみこむように、ゆっくりと養い育てること

聖書　ユダヤ教とキリスト教の聖典。ユダヤ教は『旧約聖書』、キリスト教は『旧約・新約聖書』が聖典

篤信　信仰心のあついこと

聖霊　高級神霊界から人間に真理を悟らせるために働く存在。キリスト教で、「神・キリスト・聖霊の三位一体」を説く

加護　神仏の守り

イエス・キリスト　紀元前四年頃～三十年頃。ナザレの大工ヨセフと妻マリアの子として生まれた。パレスチナで教えを宣布し、多くの奇蹟を起こした。ローマのユダヤ総督ピラトによって磔に処された。キリスト教の始祖

へ入《はい》りそれから又退散《またたいさん》するまで、ちょうど全部《ぜんぶ》で十五分《ふん》でございます。それは今《いま》でも毎日《まいにち》やっておる。その跪《ひざまず》いてやる一分間《ぷんかん》の黙禱《もくとう》の間《あいだ》に非常《ひじょう》に宗教《しゅうきょう》教師《きょうし》の篤信《とくしん》の感化《かんか》を受けて何《なん》ともいえない良《よ》い気持《きもち》になるのですね。毎《まい》日《にち》それによって反省《はんせい》をし、毎日神のみ前《まえ》に跪《ひざまず》くという気持《きもち》になって、それから授業《じゅぎょう》を始《はじ》めます。その黙禱《もくとう》によって、お互《たがい》に譏《そし》り、ねたみ、我利《がり》、そういうことによって平和《へいわ》を害《がい》しないようにするということを毎日誓《まいにちちか》うのでございますから、自然《しぜん》に、毎日敬虔《けいけん》に反省する習慣《しゅうかん》がついて、生徒《せいと》の気分《きぶん》がちょいとわるいことを思うてもパッと反省するということになると思えるのです。外《そと》から見えた方《かた》が、どうもここの生徒は非常《ひじょう》にこう柔《やわら》かく出来《でき》ておるといわれますし、卒業生《そつぎょうせい》も就職《しゅうしょく》して職業婦人《しょくぎょうふじん》になったものもありますが、その方面《ほうめん》の話を聞くと、方々《ほうぼう》の女学校《じょがっこう》の卒業生も来《く》るけれども、どうも香蘭《こうらん》は少《すこ》し違《ちが》っていると、良《よ》い方《ほう》の意味《いみ》で違っている、柔《やわら》かく出来ているというような話を聞きますので、非常に有難《ありがた》いと感《かん》ずるのでございます。

黙禱　無言で心の中で祈ること

感化　他に影響を与えて考え方や行動を変化させること

譏り　けなすこと。悪口を言うこと

我利　自分だけの利益。私利

敬虔　うやまいつつしむ気持ちの深いさま

授業前《じゅぎょうぜん》に感謝《かんしゃ》の習慣《しゅうかん》を

頭注版㉖一一一頁

谷口《たにぐち》——成程《なるほど》。

井上《いのうえ》——それで、つまり宗教的情操《しゅうきょうてきじょうそう》というのは、理窟《りくつ》じゃなしに、そのライフ、生活《せいかつ》が始終《しじゅう》神と偕《とも》にいるということが根本問題《こんぽんもんだい》だろうと思います。理窟《りくつ》で以《もっ》て推論《すいろん》して、なるほどどと思っても、どうしても実行《じっこう》が先《さき》に立たないといけない、それでまあ私の考《かんがえ》では、宗教《しゅうきょう》の如何《いかん》にかかわらず、如何《いか》なる学校《がっこう》でも、この宗教的情操を涵養《かんよう》するという文部省《もんぶしょう》の趣旨《しゅし》ならば、先《ま》ずこういうふうなことを始《はじ》めたらどうか——。第《だい》一授業《じゅぎょう》を始《はじ》める前《まえ》に、毎日《まいにち》講堂《こうどう》へ集《あつま》ってそして少《すく》くとも国恩《こくおん》を感謝する、進んでは人間以上《にんげんいじょう》の偉大《いだい》なる力《ちから》に対《たい》して敬虔《けいけん》の念《ねん》を以《もっ》て自分《じぶん》の今日無事《こんにちぶじ》に壮健《そうけん》に学校へ来《き》て学《まなび》にいそしむことが出来《でき》るということを感謝する、それからはじめて授業に移《うつ》るというふ

国恩　国家の恩恵。自国に属していることの恩恵

いそしむ　熱心に励む。精を出す

うであれば好《よ》いと思います。食前《しょくぜん》にも、かならず感謝《かんしゃ》の念《ねん》を起《おこ》して、じっと目をつぶって食《しょく》を頂《いただ》く時《とき》に感謝する、何《なに》をするのにも先《ま》ず初《はじ》めに感謝する習慣《しゅうかん》を与えることが一番大事《ばんだいじ》じゃないかと思うのであります。まあそれさえやれば自然《しぜん》、心が落附《おちつ》いてきて、宗教的《しゅうきょうてき》な説教《せっきょう》も聞きたくなるし、書物《しょもつ》も読みたくなり、自然《しぜん》に年取《としと》るにしたがってその宗教的な知識《ちしき》も増《ま》して来《く》ると思うのでありますがね。

宗教的情操《しゅうきょうてきじょうそう》とは何《なん》ぞや

谷口《たにぐち》――それでは井上先生《いのうえせんせい》のお話は大体《だいたい》、宗教的情操というものは「神」又《また》は「人間《にんげん》よりも偉大《いだい》なる或《あ》るもの」と常《つね》に偕《とも》にいる、それと常に結びついているというような感情《かんじょう》、これが宗教的情操であって、それを養成《ようせい》するにはいつも常に神又《また》は人間《にんげん》以上《いじょう》の或《あ》る偉大《いだい》なる力《ちから》を思い浮《うか》べてそれに感謝するというような習慣《しゅうかん》を附《つ》けさせるのが一等好《とうよ》いといわれたように承《うけたまわ》りました。ところでこの、「宗教《しゅうきょう》とは何《なん》ぞや」という最初《さいしょ》の問題《もんだい》に帰りますと、井上先生《いのうえせんせい》のお考《かんがえ》では神又《また》は、何《なん》といっていいか知らないが、「人間《にんげん》よりも偉大《いだい》なる或《あ》る神秘《しんぴ》なる力《ちから》」に繋《つな》がっているという自覚《じかく》を得《え》させるものが宗教であるという具合《ぐあい》に受取《うけと》れましたが、そうでしたねえ。

井上《いのうえ》――そうでございました。つまり、生命《せいめい》とはどんなものであるか、（「生命《せいめい》」というと一番《ばん》よく子供《こども》にもわかりはしないかと思うのでありますが）「生命《せいめい》」ということ、「生命《せいめい》」とは何《なん》ぞやということの方《ほう》が余程手近《よほどてぢか》で、それをわかりよくいってやれば自然《しぜん》に「神」のこともわかりはしないかと思うのであります。

谷口《たにぐち》――生長《せいちょう》の家《いえ》でも「生命《せいめい》」という言葉を使って、そうして一宗一派《いっしゅういっぱ》に偏《へん》しない意味《いみ》での宗教を伝えたいということになっているのでありますが、ところが先日当局《せんじつとうきょく》の或《あ》る調査《ちょうさ》の係《かかり》の人《ひと》が来《こ》られまして、「生長の家は宗教《しゅうきょう》であるか、それとも他《ほか》のものであるか」と、こういわれたのです。私は「宗教か他《ほか》のものか一向《いっこう》わからない。一体《いったい》宗教とは何《なん》ですか」こうお問《と》い返《かえ》し申《もう》したのです。すると、その係《かかり》の人《ひと》は、「宗教というものは先人《せんじん》の善《よ》き心を教《おし》えるものが宗教である」といわれた。それで私は、「そうすると、学《がっ》校《こう》もやはり先人の善《よ》き心を教えるから学校も宗教ですね」といいましたら、その係《かかり》の人がいわれるのには、「学校は先人の善《よ》きわざを教えるところであり、宗教は先人の善《よ》き心を教えるものである」とその係の人がいわれたのです。それで「これはその方面《ほうめん》の一般的《いっぱんてき》な見解《けんかい》でありますか」といってお伺《うかが》いしましたら、「いや、これは私一個人《こじん》の考《かんがえ》ですが」と言葉を濁《にご》されたのでありますが、「先人の善《よ》き心を伝えるもの」ということが先《ま》ず、その係《かかり》の人にとっては宗教であると、こういう見解のようでありました。それでは、平塚《ひらつか》さん、あなたはどうお考えですか、宗教とは?——

宗教《しゅうきょう》とは何《なん》ぞや

平塚《ひらつか》――言《い》い方《かた》によって言葉はさまざまにどうでもいいだろうと思いますが、唯《た》だ神と共《とも》にあるそれが宗教だ、そういう言葉を使いませんでも、体験《たいけん》的自覚《てきじかく》として、色々《いろいろ》「個々《ここ》のもの」が、「渾《すべ》てのもの」と一《ひと》つに融合《とけ》たといいますか、「個《こ》」というものと「全体《ぜんたい》」というものが一つになって、一つの中《なか》に「全体」があり又《また》全体の中《なか》に「個」というものもあるというふうな、その意識《いしき》といいますか。

谷口《たにぐち》――なるほど……

平塚――結局《けっきょく》、それは神と偕《とも》にある、といっても異存《いぞん》はございませんけれども、ただ「個」と「全体」とが……

谷口――神という名前《なまえ》を附《つ》けなくても、生命《せいめい》でもよし、大生命《だいせいめい》でもよし、

頭注版㉖一一四頁

異存　異なる考え。反対の意見や不服の気持ち

或《あるい》は、仏性《ぶっしょう》でもよしですか。

平塚《ひらつか》——何《なん》といっても、総《すべ》てのものが一《ひと》つに帰《き》したという意識でございますが。

谷口《たにぐち》——大調和《だいちょうわ》の渾然《こんぜん》と総《すべ》てのものが一つであるという自覚《じかく》がこれが宗教《しゅうきょう》といわれるのでしょう。

平塚——そう被仰《おっしゃ》っても結構《けっこう》だと思います。色々《いろいろ》言い方《かた》がございますが、どの言葉を選《えら》んでも異存《いぞん》はないのでございます。結局《けっきょく》そういうふうに自分《じぶん》が得《え》た体験が宗教だと思っております。

谷口——そういう自他一体《じたいったい》、全体と個との融合《ゆうごう》というようなことを、自分の実際《じっさい》の生命《せいめい》の体験として摑むことが宗教なのですねえ。ところで、宗教教《しゅうきょうきょう》育《いく》とはそれに到《いた》らしむる道《みち》だと思いますのですが、その道は？

仏性 内在する仏としての本性

宗教体験《しゅうきょうたいけん》を把握《はあく》する道《みち》

平塚《ひらつか》――そこに行《ゆ》くには色々《いろいろ》道がございますし、それはその人々《ひとびと》の個性《こせい》やなんかで通《とお》る道が異《ちが》うと思いますが、結局今いったところの心的経験というものを宗教意識だと思います。色々宗教を説明しているのは宗教ではないと思います。それは特《とく》に或《あ》る形《かたち》をとって行《ゆ》かなくても、日常《にちじょう》の生活《せいかつ》の中《なか》でも到《とう》達《たつ》することもあるだろうと思います。

谷口《たにぐち》――なるほど。

平塚――そういった生活が宗教で、宗教というものは特別《とくべつ》なものを持って来《き》てこれが宗教だというと何《なに》かそこにおかしなような気がするのでございます。総《すべ》てのものが一《ひと》つに帰《き》した――本当《ほんとう》に一つの対立《たいりつ》もなく、大調和《だいちょうわ》といってもようございますし、大生命《だいせいめい》に帰《き》したというような気持《きもち》でございます

頭注版㉖一一五頁

か、そういった気持《きもち》が宗教的感情《しゅうきょうてきかんじょう》である、そこから又発生《またはっせい》して色々《いろいろ》なことが出来《でき》て来《く》るのであろうかと思います。根本《こんぽん》はそこのところだと思っております。

谷口《たにぐち》――なるほど。――それでは佐藤彬《さとうあきら》さん……

宗教教育《しゅうきょうきょういく》が従来何故学校《じゅうらいなぜがっこう》から排斥《はいせき》されたか

頭注版㉖一一六頁

佐藤《さとう》――今《いま》、井上先生《いのうえせんせい》と平塚先生《ひらつかせんせい》とのお話を伺《うかが》いまして、神と偕《とも》にあるという自覚《じかく》を得《う》ることとそのことが、やはりその個《こ》と全体《ぜんたい》と一《ひと》つに生《い》きるということだと思うのでございますがね。それで、常《つね》に宗教《しゅうきょう》というものはやはり、神と一体《いったい》であることの生活《せいかつ》が宗教の総《すべ》てだと私は思うのでございますけれども、それは唯《ただ》こういう席《せき》で宗教を語る場合《ばあい》、又《また》は自分一人《じぶんひとり》で修行《しゅぎょう》をしておりますときには、宗教というものがそうであって何等差支《なんらさしつか》えないと思うのでございますが、それが全般《ぜんぱん》の教育《きょういく》なり、或《あるい》は社会教化《しゃかいきょうか》なりの問題《もんだい》になってきますと、唯《た》だそれだけではあまりにこう観念的《かんねんてき》とでも申《もう》しますか、実際《じっさい》に力《ちから》を現《あらわ》し得《え》ないもののように思うのでございます。それはその、何《なん》といいますか、色々《いろいろ》な感情《かんじょう》が錯綜《さくそう》したり、法制《ほうせい》やら、道徳的《どうとくてき》なものが非常《ひじょう》に錯綜している中《なか》へ出て行《い》って、それを乗越《のりこ》えて、個《ひとり》が全体《ぜんたい》に生《い》きること即《すなわ》ち神と偕《とも》にあることがその間《かん》で成就《じょうじゅ》されて行《ゆ》かなければならないからでございます。それで、どうすればそれが実際《じっさい》に生活出来《せいかつでき》るかということを教えたのが色々な宗教《しゅうきょう》だろうと思うのでございます。ところが今《いま》の学校《がっこう》の義務教育《ぎむきょういく》に宗教教育《しゅうきょうきょういく》が取入《とりい》れられていないということは随分不思議《ずいぶんふしぎ》なことだと思うのでございますけれども、西洋《せいよう》ではどこの学校《がっこう》でもキリスト教《きょう》の教育が施《ほどこ》されているようでございますが、唯日本《ただにっぽん》には仏教《ぶっきょう》とキリスト教、その外日本《ほかにっぽん》古来《こらい》の神道《しんとう》などがあって、それこそ却《かえ》って日本《にっぽん》の国《くに》が色々の宗教を渾然《こんぜん》と一《ひと》つに大成《たいせい》して、世界《せかい》に平和《へいわ》を来《きた》らす使命《しめい》のある土地《とち》であるということをいう

錯綜　複雑に入り組んでいること

仏教　キリスト教・イスラム教とともに世界三大宗教の一つ。紀元前五世紀頃、釈迦がインドで説いた教え

神道　はるか昔から伝わっている日本民族固有の信仰。「かんながらの道」

大成　一つのものにまとめあげること

人《ひと》もある位《くらい》で、色々《いろいろ》な宗教《しゅうきょう》が日本《にっぽん》へ入《はい》って来《き》て非常《ひじょう》に隆昌《りゅうしょう》になっている当《とう》然《ぜん》の結果《けっか》、学校《がっこう》で義務教育《ぎむきょういく》に宗教の正科《せいか》を置《お》きますと、色々な宗教がお互《たがい》に学校を自分《じぶん》の教義《きょうぎ》の拡張《かくちょう》の場所《ばしょ》に使うきらいがあるので、そのために宗教というものが義務教育の正科の中《なか》には採用《さいよう》し難《がた》いという意見《いけん》を聞いたことがある。宗教というものは一体《いったい》、神と共《とも》にある生活《せいかつ》を如何《いか》にすれば実現出来《じつげんでき》るかという中心《ちゅうしん》から表《おもて》に現《あらわ》れて来《き》た教《おしえ》であるべきものなんでございますのに、それが誤《あやま》って、迷《まよ》える衆生《しゅじょう》が如何《いか》にして仏《ほとけ》になるかという方面《ほうめん》を宗教《しゅうきょう》的《てき》の出発点《しゅっぱつてん》として教《おし》えていることが今《いま》の教派《きょうは》で、正邪《せいじゃ》を争《あらそ》うような結果《けっか》を招来《しょうらい》したのでないかと思う、それが又今《またいま》の義務教育から宗教教育《しゅうきょうきょういく》というものをボイコットするに至《いた》った原因《げんいん》じゃないかと思うのでございまして、それが今の宗教教育を施《ほどこ》せない唯一《ゆいいつ》の原因であるとしますというと、宗教自《しゅうきょうじ》身《しん》が大いに反省《はんせい》しなければならない問題《もんだい》だと思うのです。

谷口《たにぐち》——成程《なるほど》。

隆昌 勢いのさかんなこと。栄えること
正科 正規の学科
きらい よくない傾向
衆生 仏教語。この世の生命あるすべて
教派 宗教の流派
正邪 正しいこととよこしまなこと
招来 招き寄せること
ボイコット boycott 特定の事物を排斥したり、集会や会合などに皆で参加しないこと

宗教的教育《しゅうきょうてききょういく》の理想《りそう》はかくあらねばならぬ

頭注版㉖一一八頁

佐藤《さとう》――やはり宗教教育《しゅうきょうきょういく》は、今《いま》いわれた全体《ぜんたい》と個《こ》とが一《ひと》つであり、どちらにも偏《かたよ》らないで全体の総攬者《そうらんしゃ》たる神に帰一《きいつ》する真理《しんり》を本当《ほんとう》に自覚《じかく》するように真理を説《と》いて聞かせねばならない。単《たん》に形《かたち》の上《うえ》で一種《しゅ》の儀礼《ぎれい》を強制《きょうせい》しますならば、他《た》の儀礼形式《ぎれいけいしき》をもっている宗教家《しゅうきょうか》の反対《はんたい》に逢《あ》うことになると思うのでございます。宗教的儀礼《しゅうきょうてきぎれい》が異《ことな》るために教派《きょうは》というものがお互《たがい》に鎬《しのぎ》をけずるということがあるのは、それは中心《ちゅうしん》を自覚しない宗教であるから、そういう欠陥《けっかん》が出《で》て来《く》るのでないかと思うのでございます。言《い》い方《かた》が不充《ふじゅう》分《ぶん》なんですが、その中心をはっきり自覚させて、その中心の親様《おやさま》たる神様《かみさま》に対《たい》して、本当の自覚というものが神の子であるということを知ることが宗教であり、その自覚に立ってから、それから実際《じっさい》の宗教教育が問題《もんだい》になって

総攬者　全体を一手に握って治める者

鎬をけずる　激しく争うこと

来《く》るのじゃないかと思うのでございます。私はそういうふうに宗《しゅう》教《きょう》及《およ》び宗《しゅう》教《きょう》教育《きょういく》を考えておりますので、在来《ざいらい》のいわゆる、教派《きょうは》があって、宗教が存在《そんざい》するのでなく、如何《いか》なる教派によっても、とにかくその教理《きょうり》の示す宗派《しゅうは》の奥殿《おくでん》へ、先《ま》ず躍入《やくにゅう》して、その奥殿《おくでん》から、あらためて神と偕《とも》にある生活《せいかつ》が展開《てんかい》し出《だ》された後《のち》に、本当《ほんとう》の宗教があるのでなければ嘘《うそ》だと思っています。

在来　これまであった

躍入　飛び込むこと

儀礼《ぎれい》を超越《ちょうえつ》して宗教的教育《しゅうきょうてききょういく》を施《ほどこ》すには

頭注版㉖一一九頁

谷口《たにぐち》――そういたしますと、宗教教育を施すには、先《ま》ず個々《ここ》の児童《じどう》に神の子であるという自覚《じかく》を得《え》させるのが根本問題《こんぽんもんだい》であるとこう被仰《おっしゃ》るのでございますね。

佐藤《さとう》――そうでございます。

谷口――それで神の子であるという自覚を得《え》させる方法《ほうほう》を、如何《いか》にすればいいかとまたもとの問題《もんだい》に戻《もど》って来《き》ますが、形式《けいしき》よりも心が先《さき》である、こういわれたようでありますけれども、その方法《ほうほう》ということになると先《ま》ず形式という問題が入《はい》って来《く》るんじゃないかと思いますが、同じ形式をやるにしてもその形式に導《みちび》くところの先生《せんせい》というものが、本当《ほんとう》に宗教的情操《しゅうきょうてきじょうそう》の発達《はったつ》した人《ひと》でなければ本当に導くことが出来《でき》ない。坐禅《ざぜん》の修行《しゅぎょう》をするにしても指導《しどう》者《しゃ》たる老師《ろうし》がズッと図抜《ずぬ》けた人でなければ形式は同じでも効果《こうか》はないでしょう。先生自身《せんせいじしん》が宗教的情操の全然《ぜんぜん》ない人であっては、如何《いか》に形式をやってみても結局《けっきょく》導くことが出来ないと思います。井上先生《いのうえせんせい》が先刻《せんこく》被仰《おっしゃ》った香蘭女《こうらんじょ》学校《がっこう》では、やはり宗教《しゅうきょう》の先生の篤信《とくしん》の感化《かんか》というものがあって、一分間《ぷんかん》でも一緒《いっしょ》にお祈《いの》りしたり、或《ある》いは聖書《せいしょ》を一週《しゅう》に三回《かい》ぐらい講義《こうぎ》をしたりするだけでも一同《いちどう》を感化していると被仰《おっしゃ》った——こういうことになると思うのですね。

佐藤《さとう》——それで子供《こども》に神の子の自覚《じかく》を教《おし》えるといいますのは、そういう指導《しどう》

老師　禅宗などで修行者の指導にあたる人物を敬っていう語

図抜ける　とびぬけてすぐれている。なみはずれている

に当《あた》る宗教家《しゅうきょうか》が真《しん》にその根本《こんぽん》の思想《しそう》に目醒《めざ》めて、本当《ほんとう》にどの宗教《しゅうきょう》をも冒《おか》し合《あ》わずに生《い》かせるように先《ま》ず自覚《じかく》することが、宗教教育達成《しゅうきょうきょういくたっせい》の最初《さいしょ》の問題《もんだい》じゃないかと思います。

谷口《たにぐち》――宗教の儀礼《ぎれい》というものを学童《がくどう》に強《し》いるということになると、どうしても一宗一派《いっしゅういっぱ》各々異《おのおのちが》う儀礼をもっているということになって、衝突《しょうとつ》を来《きた》すことになるわけですね。それでそういういろんなものはぬきにしてしまって、その精神《せいしん》を如何《いか》にして教《おし》えるかという問題ですね。

佐藤《さとう》――それについても、こういう話しを聞いたのでございますが。それは或《あ》るところで或《あ》る先生《せんせい》が、神について説《と》いたのだそうです。そうしましたら、その場合《ばあい》は仏教徒《ぶっきょうと》の生徒《せいと》が、学校《がっこう》の先生が神さんというならその教《おしえ》をうけるな、といってなかなかいうことをきかなかったそうでございます。そうなって来《き》ますと、「神」と称《しょう》することも「仏《ほとけ》」と称することも各宗派《かくしゅうは》の熱心《ねっしん》な信者《しんじゃ》に至《いた》っては、又《また》問題を生《しょう》じて来《く》ることになるのであります。

生命《せいめい》の本質《ほんしつ》を知らせる宗教教育《しゅうきょうきょういく》

谷口《たにぐち》――そこでやはり神も仏《ほとけ》も大生命《だいせいめい》も、本来《ほんらい》同じものであるという「生命《せいめい》の実相《じっそう》」の教《おしえ》を、書物《しょもつ》とか講演《こうえん》とかによって普及《ふきゅう》しなければならないということになりますね。

佐藤《さとう》――そうなんです。結局自画自讃《けっきょくじがじさん》になるけれども……

井上《いのうえ》――全《まった》くですね。全く生命《せいめい》の実相の自覚《じかく》を得《う》れば、自然《しぜん》に宗教心《しゅうきょうしん》が湧《わ》いて来《く》ると思うのですね。一《ひと》つの植物《しょくぶつ》を児童《じどう》に話しするのにも、どう顕微《けんび》鏡《きょう》で覗《のぞ》いて見ても何《なに》もそんなものはないのに、朝顔《あさがお》の種子《たね》を土の中《なか》へ入《い》れておけば温度《おんど》と湿気《しっけ》と肥料《ひりょう》と光《ひかり》などで芽《め》を出し双葉《ふたば》を出して育つんじゃないか、そうしてちゃんと左捲《ひだりま》きの蔓《つる》がのびてくる、そういう力《ちから》がこの中《なか》に籠《こも》っているのだ、それが生命《せいめい》で宇宙《うちゅう》の生命《せいめい》の一部分《ぶぶん》を朝顔の種子《たね》が享《う》けているの

頭注版㉖一二一頁

自画自讃　自分で自分をほめること

だ、朝顔《あさがお》の種子《たね》でさえこうなっている、吾々人間《われわれにんげん》はもっとえらい生命《せいめい》を享《う》けている、万物皆然《ばんぶつみなしか》りといってやれば児童《じどう》でも分《わか》る。その生命《せいめい》の根本《こんぽん》がいわゆる、神さまと言い、仏《ほとけ》さまといい、大生命《だいせいめい》というのだというふうに。小学《しょうがく》児童《じどう》に根本的精神《こんぽんてきせいしん》を与えるには、まあやはり児童等《じどうら》の習《なら》っている学科《がっか》と関連《かんれん》して行《ゆ》く方《ほう》がよく分《わか》ると思います。

平塚《ひらつか》——今学校《いまがっこう》の中《なか》に宗教教育《しゅうきょうきょういく》をもって来《く》るという実際論《じっさいろん》になるとむつかしいと思うのでございます。実際具体的《じっさいぐたいてき》なことを考えると決定的《けっていてき》な何《なに》も言えない、唯非常《ただひじょう》に困難《こんなん》だろうという気が第《だい》一にするのでございますけれども、今の御話《おはなし》のように何《なん》とか既《すで》に宗教《しゅうきょう》を有《も》っている方《かた》の子供《こども》なら、その程《てい》度《ど》なら、まだいいと思いますけれども、全然《ぜんぜん》神なんかないというふうな気持《きもち》の中《なか》に育っている子供だとすると、先生《せんせい》が「神」なんということばを出した場合《ばあい》に、それを聞いただけで「何《なに》言っているんだ」と反撥的《はんぱつてき》なそんな気持《きもち》になるだろうと思いますから、今の仏教《ぶっきょう》とかキリスト教《きょう》とか既成宗教《きせいしゅうきょう》を以《もっ》て

然り　その通り

既成宗教　古くから信仰されている宗教。伝統的な仏教やキリスト教などを指す

してはほとんど宗教教育《しゅうきょうきょういく》は不可能《ふかのう》じゃないかと思います。

佐藤《さとう》――それで私は「生命《せいめい》の実相《じっそう》」が説《と》かれてから、初《はじ》めて宗教教育を施《ほどこ》し得《う》る時機《じき》が来たと思ったのでございます。実際《じっさい》に神が無《な》いという連中《れんちゅう》が神を認《みと》めるのが「生命《せいめい》の実相《じっそう》」なので、『生命《せいめい》の實相《じっそう》』を読むと……

宗教蔑視《しゅうきょうべっし》に誘導《ゆうどう》する形式的宗教教育《けいしきてきしゅうきょうきょういく》

平塚《ひらつか》――今迄《いままで》の宗教上《しゅうきょうじょう》の術語《じゅつご》を一度毀《どこわ》してしまって、別《べつ》の言葉で宗教教育を施《ほどこ》すのでなければ学校《がっこう》には宗教教育の根《ね》が下《おろ》して行《ゆ》かれないんじゃないかと思います。今《いま》の子供達《こどもたち》には先生《せんせい》が既成宗教《きせいしゅうきょう》にあるような言葉を使わずに、本当《ほんとう》の生命《せいめい》そのものに、むしろ芸術内容《げいじゅつないよう》から入《はい》って来《き》た感動《かんどう》というものでございますか、そういうことから生命《せいめい》の本質《ほんしつ》に導《みちび》いて行《ゆ》けば、本当に到達《とうたつ》するのが早くないか、今日《こんにち》までの宗教教育を施しています学校を見ます

頭注版㉖一二二頁

蔑視 さげすんで見ること。見くだすこと

術語 専門分野で限定された意味で用いる専門用語。学術語

と、（井上先生《いのうえせんせい》の方《ほう》は存《ぞん》じませんけれども、）キリスト教《きょう》のミッションやなんか見ますと、祈《いの》りにも一定《いってい》のテキストなんかがあり、生徒《せいと》は、朝礼拝《ちょうれいはい》なんかただ形式《けいしき》として仕方《しかた》ないからするのだという調子《ちょうし》で形《かたち》だけやっていまして、その中《なか》にはコッソリ下《した》の方《ほう》で雑誌《ざっし》を読んでいたりするようなものも多数《たすう》見るような気がするのでございます。それでそういう子供《こども》が学校《がっこう》を離《はな》れた時《とき》に、無宗《むしゅう》教《きょう》の学校の子供よりももっとひどい位《くらい》な宗《しゅう》教《きょう》蔑視《べっし》の感《かん》じを持っているような気がするのでございます。

谷口《たにぐち》——それはやはり指導者《しどうしゃ》の先生《せんせい》が悪いのですね。子供を感化《かんか》する力《ちから》がないので、おそらくその先生は本当《ほんとう》の宗《しゅう》教《きょう》心《しん》をもっておらなかったのであろうと思います。

平塚《ひらつか》——そういうふうなところから、却《かえ》って非常《ひじょう》に宗《しゅう》教《きょう》感《かん》情《じょう》などを壊《こわ》して来《き》たんじゃないかと思いますが……

ミッション　ミッション・スクール。キリスト教団体が設立した学校

形式的宗《けいしきてきしゅう》教《きょう》教育《きょういく》もこんな良《よ》い実例《じつれい》がある

井上《いのうえ》――吾々《われわれ》の学校《がっこう》もやはりそうです。ちゃんとテキストがありまして、それによって同じことをやるのです。一体昔《いったいむかし》の教育《きょういく》はそういうやり方《かた》が多いので、私共《わたしども》の子供《こども》の時代《じだい》に『三字経《さんじきょう》』という書物《しょもつ》がありまして、薄《うす》い本ですが、三字ずつ漢字《かんじ》が並《なら》んでいる。七歳位《ななつぐらい》の時《とき》に親父《おやじ》が教《おし》えてくれましたが、「人《ひと》の性《せい》はもと善《ぜん》……」などと書いてある。それをいつも同じところをくりかえしくりかえし読まされると、いつも同じことで単調《たんちょう》でうるさい、嫌《いや》だと思いましたけれど、今《いま》になってみるとよくあんなことをやってくれて善《よ》かったと思います。夜明《よあ》け前《まえ》に引《ひき》ずり起《おこ》して顔洗《かおあら》わして読まされるのですね。唯無意識《ただむいしき》に読むのですけれど、その読んでいる中《うち》にコケコッコーと鶏《にわとり》の啼《な》いた時《とき》の気持《きもち》というものは、今でも何《なん》ともいえない有難《ありがた》い感《かん》じがする。そ

頭注版㉖一二三頁

『三字経』　南宋の王応麟の編と伝えられる初学者用の学習書。三文字で一句とし、自然現象、道徳、歴史、常識などの内容を三百数十句に連ねた。後に日本にも伝来した

「人の性は…」『三字経』の最初の二句「人之初　性本善」を訓読した言葉

れだからそういうふうに子供《こども》に意味《いみ》が分《わか》っても分《わか》らなくても、同じところをくりかえし読ますということが、一生涯《いっしょうがい》にえらい感化《かんか》を与えるものだと私は信じているのです。

谷口《たにぐち》――形式的《けいしきてき》に読ませられても、善《よ》き言葉は潜在意識《せんざいいしき》に蓄積《ちくせき》せられているんですねえ。

井上《いのうえ》――それでちょっとこういう話しを聞いたことがありましたが、人殺《ひとごろ》しとまでは行《ゆ》かなかったでしょうけれども、四、五年懲役《ねんちょうえき》に行《い》った人《ひと》があります。その男が小さい時《とき》に、日曜学校《にちようがっこう》に行《い》って聖書《せいしょ》の講義《こうぎ》を唯形式的《ただけいしきてき》にきかされたことがあったのです。

その後《ご》は教会《きょうかい》にも行《い》かず、悪党《あくとう》の方《ほう》で、博奕《ばくち》うちをしばしばして、人と争《あらそ》うというようなふうで、到頭終《とうとうしま》いに四、五年、刑務所《けいむしょ》に放《ほう》り込《こ》まれた。そうしたところが刑務所にいるうちにふと聖書が読みたくなって、日曜学校のことを思い出して、聖書をさし入《い》れてくれと頼《たの》んで、一所懸命《いっしょけんめい》聖書を読んだ

潜在意識　人間の意識のうち、自覚を伴わないが心の奥底に潜んでいる意識。全意識の九十五パーセントを占め、人間の行動のほとんどはこの影響を受けているとされる。本全集第十一巻「精神分析篇」参照

懲役　裁判の判決によって罪人を刑務所に拘置し、一定の労役につかせること

日曜学校　キリスト教の教会や仏教の寺院が日曜日に子供達に施す教育活動

のです。すると、ころっと人柄《ひとがら》が変《かわ》ってしまって、今度《こんど》は非常《ひじょう》に社会《しゃかい》のために尽《つく》す人間《にんげん》になって労働争議《ろうどうそうぎ》の時《とき》にも県庁《けんちょう》がその人《ひと》を使って労働者側《ろうどうしゃがわ》を鎮《しず》めにやる位《くらい》になったそうです。その人が行《ゆ》くと、如何《いか》なる争議《そうぎ》でもぴしゃっと止《とま》ってしまった。福島県《ふくしまけん》でしたが、その人から直接《ちょくせつ》きいたことでありす。今《いま》は亡《な》くなりました。その動機《どうき》というものは、ただ日曜学校《にちようがっこう》へ行《い》っておったことが種《たね》になったのです。そういうちょっとした種が残っていると、後《あと》から偉《えら》い芽《め》が出て好《よ》い実《み》が生《は》えて来《く》ることがありますから、子供《こども》の時に根本《こんぽん》的《てき》に分《わか》らそうということは到底難《とうていむつ》かしいにしても分《わか》っても分《わか》らなくても、毎《まい》日《にち》同じことをやるということが、その習《なら》い性《せい》となるというような結果《けっか》になりはしないかと思います。幼《おさな》いものは形式《けいしき》から入《はい》って、長《ちょう》ずるにしたがってその精神《せいしん》を理解《りかい》し、そして宇宙《うちゅう》の大生命《だいせいめい》を本当《ほんとう》に理解するに到《いた》れば、もうしめたものだと思いますがね。

労働争議　労働者と使用者（資本家）との争い

習い性となる　『書経』「太甲上」にある言葉。身に付いた習慣が、生まれながらの性質のようになること

長ずる　育つ。大人になる

各科《かくか》に亙《わた》って宗教《しゅうきょう》教育《きょういく》を施《ほどこ》す法《ほう》

頭注版㉖一二五頁

立仙《りっせん》――この宗教情操《しゅうきょうじょうそう》、神ということは、初等教育《しょとうきょういく》、中等教育《ちゅうとうきょういく》でははっきりと子供《こども》に分《わか》らせることはどうも不可能《ふかのう》だと、生長《せいちょう》の家《いえ》へ入《はい》ります迄《まで》は考えておりました。ですが、この頃《ごろ》子供にいろいろなことを実験《じっけん》をしてみました結果《けっか》、神の子の自覚《じかく》を与える、或《あ》いは又人間《またにんげん》以上《いじょう》の絶対《ぜったい》の力《ちから》があるということを知らせるには案外手近《あんがいてぢか》いところで説明《せつめい》も出来《でき》、又相当《またそうとう》子供に納得《なっとく》させられるものではないかと思うのでございます。例《たと》えば生理衛生《せいりえいせい》の場合《ばあい》、今《いま》迄《まで》の教育《きょういく》では、血液循環《けつえきじゅんかん》を教《おし》えた時《とき》に、ただ普通《ふつう》のことだけ教科書《きょうかしょ》にあるだけを教えて、それで終《おわ》りになっておるのですが、もう一歩進んで、例えば心臓《しんぞう》なら心臓が収縮《しゅうしゅく》しようとする力はどこから来《く》るかという反問《はんもん》を一《ひと》つ先《せん》生《せい》が出してやれば、それでもう神を或《あ》る程度迄掴《ていどまでつか》むことが出来《でき》ます。或《あ》いは

反問　問い返すこと

最前《さいぜん》のお話の通《とお》り、朝顔《あさがお》の蔓《つる》の左捲《ひだりまき》が一片《ぺん》の種子《たね》から出るのだという博物《はくぶつ》の授業《じゅぎょう》の終《おわ》った時《とき》に、「それでは皆《みな》さん、こうなる力《ちから》はどこから来《く》るのでしょうか」とこう言ってその神秘《しんぴ》な力に目覚《めざ》めしめると、それで、もう宗教《しゅうきょう》的情操《てきじょうそう》をほとんどそのポンと摑《つか》むことが出来《でき》るんじゃなかろうか、或《ある》いは又音楽《またおんがく》なんかを教《おし》えましても、あの音楽の情調《じょうちょう》というものは、即《すなわ》ちもう神の、何《なん》と申《もう》しますか、生命《せいめい》の一《ひと》つの世界《せかい》というものではなかろうか。殊《こと》に数《すう》学《がく》のような、普通解《ふつうかい》せられておることでも難問《なんもん》を解《と》き得《え》た喜《よろこ》びというものは、どうも一つの大きな力、喜《よろこ》びのように感《かん》ぜられます。そういったようなことが、小学校《しょうがっこう》の時代《じだい》から始終《しじゅう》この修身《しゅうしん》の先生《せんせい》だけでない、或《あるい》はミッションスクールでも、バイブルを教える先生だけじゃない、全科目《ぜんかもく》の全教師《ぜんきょうし》が、自分《じぶん》がその担任《たんにん》の学科《がっか》を教える時《とき》に、一時間《じかん》、一時間教えるその各学《かくがっ》科《か》についてもう一つ深く掘《ほ》りこんで行《ゆ》くならば、そこに神の世界というものが、子供《こども》に分《わか》ることが出来るのじゃないかと思うのです。私、今度《こんど》の情《じょう》

最前　さきほど。さっき

博物　昭和初期までの旧制の小中学校の教科名。動植物や鉱物などを内容とした

情調　そこからにじみ出て、しみじみと感じさせるような趣

修身　旧制の小中学校で、教育勅語に基づいて行われた道徳教育

バイブル　Bible　聖書のこと

操教育《そうきょういく》の、文部省《もんぶしょう》の訓令《くんれい》なども結局《けっきょく》いろいろ方法《ほうほう》はございましょうけれども、要《よう》はこの精神教育《せいしんきょういく》である、宗教教育《しゅうきょうきょういく》はただ先生《せんせい》が、既成宗教《きせいしゅうきょう》の聖《せい》典《てん》を読んでそれを講義《こうぎ》することだけでなく、最前申《さいぜんもう》しますように、自分《じぶん》の受《う》持学科《もちがっか》の教授《きょうじゅ》の自覚《じかく》の上《うえ》に一《ひと》つ一つ生命《せいめい》というものを握《にぎ》りこんで教《おし》えるという態度《たいど》を養成《ようせい》することが、非常《ひじょう》に必要《ひつよう》なことではなかろうか。これは私案《しあん》でございますけれども、来年《らいねん》は夏季講習《かきこうしゅう》をひらきまして、そういった実際《じっさい》的《てき》の教《おし》え方《かた》というものを、一つ谷口先生《たにぐちせんせい》に御指導願《ごしどうねが》うような機会《きかい》が出来《でき》たら大変《たいへん》好い事《こと》だと思っているのでございますが。ちょっと感《かん》じましたことを申《もう》述《の》べました。

宗教教育は人《ひと》を中心《ちゅうしん》にする問題《もんだい》

谷口《たにぐち》――割合子供《わりあいこども》は神の子の自覚《じかく》を得《え》やすいということは、あのいつだった

頭注版㉖一二七頁

訓令　行政機関が命令をくだすこと。また、その命令

か、私が服部《はっとり》さんの誌友会《しゆうかい》へ行《い》った時《とき》にあすこに、栗原保介《くりはらやすすけ》さんの坊《ぼっ》ちゃんがおられて、あれは何歳位《なんさいぐらい》かしら四歳か五歳位《くらい》でしょうが、自分《じぶん》は神の子である、こう言って何《なに》かの勢《はずみ》で柱《はしら》でコツンと打った時《とき》、痛《いた》いでしょうというと、「何《なに》痛いことあるものか、神の子に痛いことない、肉体《にくたい》は心の影《かげ》、痛いというから痛いのだ」とこういう具合《ぐあい》にその子供《こども》がいっているのですね。四《よっ》つ五《いつ》つの子供が、その時《とき》は神とは何《なん》ぞやといって答案《とうあん》を書かせようといったって、おそらくその子供は返答《へんとう》に困《こま》ってしまうには違《ちが》いないけれども「神」という言葉を子供が使っている内容《ないよう》は、やはり吾々《われわれ》の使っている神という内容と同じものを摑《つか》んでいるんじゃないかと思うのです。子供は議論《ぎろん》も出来《でき》ず、何《なに》も説明《せつめい》も出来ないけれども、ただ何《なん》となしに親《おや》が使っている言葉の内容をその言葉によって感受《かんじゅ》する。だから親が先《ま》ず神の子の自《じ》覚《かく》に入《はい》って、そうして「お前《まえ》は神の子だよ」といってきかせる時に、神とは何《なん》ぞやということは説明の仕様《しよう》がないけれども、言って聞かす人《ひと》の心の

誌友会　生長の家信徒が主に自宅を提供して複数人で集まる会

中《なか》に「神とは何《なん》ぞや」という響《ひび》きがあって、そして「お前《まえ》は神の子だよ」というから、その念《ねん》と念《ねん》とが感応《かんのう》して「私は神の子だ」と幼《おさな》い子供《こども》でも早《さっ》速《そく》神の子の自覚《じかく》を得《う》るのじゃないかと思うのです。先月《せんげつ》の『生命《せいめい》の教育《きょういく》』に「音楽早教育論《おんがくそうきょういくろん》」が出ていますが、六歳《さい》になった頃《ころ》が最《もっと》も早く絶対音《ぜったいおん》を意識《いしき》することが出来《でき》るというふうなことが書いてある。あれと同じで、神の子の自覚というものは本当《ほんとう》はこの早教育《そうきょういく》を——早教育という言葉は変《へん》ですけれども、幼《おさな》い時《とき》から、宗教心《しゅうきょうしん》ある親《おや》に取捲《とりま》かれていればそれが自然《しぜん》に行《おこな》われる宗教情操《しゅうきょうじょうそう》の早教育になる。側《そば》にいる人《ひと》が「我《われ》は神だ」と思い且《か》つ行動《こうどう》する。御飯《ごはん》食べる時《とき》でも「神様《かみさま》の下《くだ》され物《もの》で有難《ありがた》い」と親がいう。すると、本当《ほんとう》に形式《けいしき》でなしに、その心を起《おこ》して「ああこれは神様から頂《いただ》いたものである」というその絶対の事実をそのまま素直《すなお》に受容《うけい》れてしまうのじゃないかと思いますがね。そうなるとこれは学校《がっこう》の教育じゃない、家庭《かてい》教育《きょういく》となり、家庭《かてい》の父兄《ふけい》そのものの教育になるのですが、要《よう》するにこの宗《しゅう》

感応　心が感じとりそれに反応すること

『生命の教育』　昭和十年八月創刊の月刊誌。著者が提唱した「生命の教育」の普及のために創刊された。現在も公益財団法人新教育者連盟に引き継がれている

絶対音　音の高さを直接知覚する能力。絶対音感のこと

教《きょう》というものが、やはり、それを指導《しどう》する師《し》、家庭《かてい》の親《おや》とか学校《がっこう》の先生《せんせい》とかいうものが本当《ほんとう》の自覚《じかく》に入《はい》っていない場合《ばあい》には、同じ形式《けいしき》でやっても、お前《まえ》は神の子であるといっても神とは何《なん》だかわからない。ところが、実際《じっさい》に信じている指導者《しどうしゃ》が、「あんたは神の子だ」とこう一言《ひとこと》いえば本当《ほんとう》に神の子であるということがわかって来《く》るだろうと思うのです。どこかで読んだのですが、宗教《しゅうきょう》とは何《なん》であるかという問題《もんだい》に対《たい》して「一《ひと》つの尊敬《そんけい》すべき人格《じんかく》の周囲《しゅうい》に集《あつま》った人々《ひとびと》の団体《だんたい》である」というような定義《ていぎ》を下《くだ》しておられた人《ひと》がありました。これは神とは何《なん》ぞやというような抽象問題《ちゅうしょうもんだい》でなしに、社会的現象《しゃかいてきげんしょう》として存在《そんざい》する、一つの生《い》きた具体的事実《ぐたいてきじじつ》としての宗教を説明《せつめい》しているると思うのであります。その場合、宗教とは、やはりその中心者《ちゅうしんしゃ》となる人が本当に神の子の自覚、或《あるい》は個我《こが》と全体我《ぜんたいが》との一つの融合感《ゆうごうかん》を持っている、その一つの人格に憬《あこが》れて慕《した》い寄《よ》って来《く》る一つの生《い》きた具体的《ぐたいてき》な団体《だんたい》であり、宗教《しゅうきょう》教育《きょういく》を施《ほどこ》すにも、そういうその中心者になれる人があって初《はじ》めて、そこに完全《かんぜん》な宗教的教育《しゅうきょうてききょういく》が施《ほどこ》され得《う》るということになるのだと思います。どうしてもこれは宗教教師《しゅうきょうきょうし》として本当《ほんとう》に資格《しかく》ある先生《せんせい》の養成《ようせい》ということが第《だい》一になるんじゃないかと思うのです。

井上《いのうえ》――そうですね。

私の体験《たいけん》

平塚《ひらつか》――私もお話を伺《うかが》ってちょっと感《かん》じたことでございますが、私は自分《じぶん》の子供《こども》に対《たい》しては、別《べつ》に宗教教育《しゅうきょうきょういく》をしようと思って意識的《いしきてき》には何《なに》も考えてやっておりません。意識《いしき》して、自分の子供をこうしよう、ああしようと先《さき》に決めてかかったことは一《ひと》つもないのでございます。唯《ただ》こう自然《しぜん》にこのままを伸《の》ばすことを考えて、こちらから要求《ようきゅう》したこともございませんし、私も親《おや》として子供に対して、ああ教育《きょういく》しなければならないといった主義《しゅぎ》というふ

頭注版㉖一三〇頁

うなものは、何一《なにひと》つ持っておりません。唯《ただ》このまま、私は子供《こども》に特別《とくべつ》にいわゆる宗教教育《しゅうきょうきょういく》ということをやりません。それは、神という言葉も、仏《ほとけ》という言葉も、時々《ときどき》の場合《ばあい》に出るかも知れませんけれども、特《とく》に強調《きょうちょう》したことはないのでございますが、二人《ふたり》の子供ともとても自然《しぜん》に宗教心《しゅうきょうしん》が非常《ひじょう》に強いと思うのでございます。ですから、宗教心というものは自然のうつしを受けて自然に出《で》て来《く》るものじゃございませんか。

谷口《たにぐち》――そうでしょう。しかしその自然のうつしを受けて行《ゆ》くというのはいいけれども、今《いま》のように唯物教育《ゆいぶつきょういく》でそれを逆《ぎゃく》に打毀《うちこわ》してしまったのではね……

総《すべ》てを受容《うけい》れる広々《ひろびろ》とした心を育《そだ》てるのが宗教教育

佐藤《さとう》――神の子の自覚《じかく》ということを子供に与えるということに随分困難《ずいぶんこんなん》を伴《ともな》

唯物教育　物質だけが真の存在だとする唯物論に基づいた教育法

頭注版㉖一三一頁

うことは、大人《おとな》だってそうなんですから子供《こども》には無理《むり》もないんでしょうけれども、私の思いますことは、さっき井上先生《いのうえせんせい》のお話になった、日曜学校《にちようがっこう》に行《い》っていた時《とき》にバイブルを見ておったがために、刑務所《けいむしょ》に行《い》ってからも導《みちび》かれた方《かた》があるというお話など、これを要《よう》するに、突詰《つきつ》めて行《ゆ》きますと、結局《けっきょく》、教育《きょういく》というものは教《おし》えるものじゃなくて教わるものだ、こう思えるのですけれども、僕《ぼく》の学校時代《がっこうじだい》、僕の周囲《しゅうい》に（尤《もっと》も我々《われわれ》の時世《じせい》がそういう反《はん》宗教的《しゅうきょうてき》な時《とき》でしたからそのせいもあるのですけれども、）教会《きょうかい》へ通《かよ》っておった人《ひと》が四、五人《にん》あったのですが、その人は非常《ひじょう》にいじけた性格《せいかく》を持っていたのです。そうして事毎《ことごと》に、その小悧巧《こりこう》に立廻《たちまわ》ることが巧《うま》くて放胆《ほうたん》さ、野性《やせい》味《み》が全《まった》くない。どう見てもその青年《せいねん》らしい溌溂《はつらつ》さがすっかり影《かげ》をひそめている。そうしていうことが妙《みょう》にいじけた常識的《じょうしきてき》のみに傾《かたむ》いて、自分《じぶん》で自分の心が型《かた》の中《なか》にはまり込《こ》んでそしてそれを宗教的《しゅうきょうてき》な生活《せいかつ》だと思い込んでいるのです。それがどうにも僕は我慢出来《がまんでき》ないほど嫌《いや》だったものなんでござい

時世　移り変わる世の中。時代

小悧巧　目先のことに気がつき抜け目のないさま

放胆　大胆に事をなすこと

野性味　自然または本能のままの、荒けずりで粗野な趣

ますけれども、今《いま》のお話を伺《うかが》っておりますと、本当《ほんとう》に必要《ひつよう》なことはそういう形《かたち》の上《うえ》のことでなしに、常《つね》に何《なに》かを求める生活《せいかつ》といいますか、総《すべ》てを吸収《きゅうしゅう》して人格《じんかく》をつくることだけでも宗教教育《しゅうきょうきょういく》の一斑《いっぱん》の目的《もくてき》を達《たっ》するのじゃないかと思う。今《いま》、絶対音《ぜったいおん》の早教育《そうきょういく》のお話がありましたけれども、子供《こども》の――僕《ぼく》なんかの記憶《きおく》では五《いつ》つ六《むっ》つ七《なな》つの頃《ころ》には一番何《ばんなん》でもしたい時期《じき》、そうしてもうどんなことでも、これはどういうこと、あれはどういうことといって一々訊《いちいちき》くのでございますけれども、それが教《おし》えられぬと、大人《おとな》の面倒臭《めんどうくさ》がりで、だんだん蝕《むしば》まれてしまうのでございます。あの気持《きもち》がずっと、青年《せいねん》、壮年《そうねん》、老年《ろうねん》に至《いた》るまで、あのまま持越《もちこ》せるだけでも実《じつ》に立派《りっぱ》な教育《きょういく》じゃないかと思うのでございます。ああいうふうなものを本当に解放《かいほう》させて行《ゆ》くのがその教育の本当の目的じゃないかと思う。要《よう》するにあの気持《きもち》がなくなったことが二十歳前後《さいぜんご》の私にとって一番淋《ばんさび》しいこと。それでもうどうにも動きがつかなくてちょっとも何《なに》も欲《ほ》しくなくなってしまって、谷口先生《たにぐちせんせい》の教《おしえ》も欲し

一斑　全体のうちの一部分

くなかったですけれども、谷口先生《たにぐちせんせい》にそこへ穴《あな》をあけて頂《いただ》いて、それから初《はじ》めて今度《こんど》は何《なん》でも覚《おぼ》えようという気になりました。それで、私は今《いま》、こうしておりましても、道《みち》を歩いていても物《もの》を教《おそ》わりますし、こうして坐《すわ》っていても教《おそ》わりますし、手を動かしても何《なに》か教《おそ》わる感《かん》じがある。ですから、そうなって来《き》ますと、（或《あ》る人《ひと》にいわせると、非常《ひじょう》にそれが嫌《いや》な感じを持たせるそうですけれども、）もうそのまま総《すべ》てが善《よ》いというのではありませんけれども、同情《どうじょう》もありうるわけ。そういう気持《きもち》を子供《こども》に教《おし》えることが、教養或《きょうぎあるい》は形式《けいしき》ということを超越《ちょうえつ》した本当《ほんとう》の宗教教育《しゅうきょうきょういく》じゃないかと思うのでございますけれども。ですから結局何《けっきょくなん》といいますか、非常に豊《ゆた》かに吸収《きゅうしゅう》する子供を育《そだ》てることが教育の総《すべ》てである。しかし唯無暗《ただむやみ》に無選択《むせんたく》に、いいものもわるいものも取入《とりい》れるような人格《じんかく》に造《つく》らないようにするのが、それが教育者《きょういくしゃ》のつとめじゃないでしょうか。つまり吸収する人格を養成《ようせい》して、それを何《なに》を吸収し何《なに》を吸収すべきでないのかの弁別《べんべつ》を教えて行《ゆ》くのが先生《せんせい》のつとめじゃ

弁別　ものごとの違いを知って区別すること

ないかと僕《ぼく》は思うのでございます。

谷口《たにぐち》――総《すべ》てを受入《うけい》れる心というのはそれは本当《ほんとう》に宗教心《しゅうきょうしん》ですね。つまりそれは「全体《ぜんたい》」と「個《こ》」とが融合《とけあ》うている心というものであって、それで本《ほん》当《とう》に総《すべ》てを正直《しょうじき》に受容《うけい》れたら、その反対《はんたい》に悪いものを吸収《きゅうしゅう》するということも何《なに》もないかと思いますがね。――わるいものは一《ひと》つもない。悪いと見えるのは偏寄《かたよ》っている――言《い》い換《か》えると全《すべて》を受容《うけい》れないからです。

佐藤《さとう》――結局《けっきょく》そこまで行《ゆ》けるわけでございますけれども、ただあの何《なん》といいますか、一例《れい》を挙《あ》げれば大人《おとな》は子供《こども》よりも妥協《だきょう》する性質《せいしつ》がございますね。わるい、大人《おとな》の妥協的《だきょうてき》な性格《せいかく》を吸収して自分《じぶん》が妥協的になって行《ゆ》くのも子供の吸収性《きゅうしゅうせい》の一《ひと》つの現《あらわ》れじゃないかと思う。そういうことの弁別《べんべつ》ということが教師《きょうし》のつとめじゃないかと思っております。

妥協　互いに歩み寄って話をまとめること。折り合い

宗教《しゅうきょう》教育《きょういく》は雰囲気《ふんいき》の教育《きょういく》

松本《まつもと》――私はさっき平塚《ひらつか》さんの被仰《おっしゃ》いましたように、宗教教育というものは「雰囲気の教育」だと思います。平塚さんのお子さんは、ちっとも宗教教育をしようとお考えにならなくて非常《ひじょう》に宗教心《しゅうきょうしん》が養《やしな》われていらっしゃるというのは、やはり平塚さんの御家庭《ごかてい》の雰囲気だろうと思います。

谷口《たにぐち》――それは、やはり家庭《かてい》そのものが一個《こ》の宗教団体《しゅうきょうだんたい》――尊敬《そんけい》すべき人格《じんかく》の周囲《しゅうい》に集《あつま》った人々《ひとびと》の一つの団体《だんたい》ですよ。

松本――私が自分《じぶん》の子供《こども》を通《とお》して見ましても子供というものは小さい時《とき》には非常に宗教心が養われ易《やす》い状態《じょうたい》にあると思います。何事《なにごと》にも不思議《ふしぎ》の目を瞠《みは》って知りたい聞きたいで一《いっ》ぱいです。その時期《じき》にやはり家庭の雰囲気が和《なご》やかな温《あたた》かい豊《ゆた》かなものであれば、子供も自然《しぜん》そういうふうに向《む》いて行《い》って、

頭注版㉖一三四頁

それがもう自然《しぜん》に生活《せいかつ》になってしまいます。どういたしましてもやはり宗《しゅう》教《きょう》教育《きょういく》の一番最初《ばんさいしょ》は家庭《かてい》の両親《りょうしん》で、それから先生達《せんせいたち》の人格《じんかく》によりまして自然に育てられて行《ゆ》くのでございます。子供《こども》には内在《ないざい》している力《ちから》があるのでございますから、家庭の雰囲気《ふんいき》さえよければたくみませぬでも自然と子供の生活に合《あ》った宗教心《しゅうきょうしん》が現《あらわ》れて育って来《く》るものじゃないか。却《かえ》って宗教教育とか何《なん》とかこれまで行《おこな》われておりましたようなものが反対《はんたい》の結果《けっか》を惹起《じゃっき》しているようなのをよく見うけるのであります。日曜学校《にちようがっこう》に通《かよ》うておりますような子供達《こどもたち》で、生長《せいちょう》してから却《かえ》って宗教《しゅうきょう》に反対《はんたい》するような人《ひと》が出《で》て来《く》る例《れい》もたくさんございまして、それはそれまでの宗教が本当《ほんとう》の宗教の根本《こんぽん》をつかんでいないせいもございましょうけれども、どうしても宗教教育というものはその雰囲気の教育《きょういく》であって、人格によりましてつくって行《ゆ》かなければならないのだと思います。

谷口《たにぐち》――山本《やまもと》しげ子《こ》さん、あなたは前《まえ》に女学校《じょがっこう》におられましたが、いつ

たくみませぬ　いろいろと工夫したりしない

惹起　事件や問題などをひき起こすこと

か承《うけたまわ》りましたら、受持《うけもち》の生徒《せいと》さんで、大変虚栄心《たいへんきょえいしん》の強い生徒さんが、すっかりお直《なお》りになられたという話をされましたね。あの話をして下《くだ》さいませんか。

虚栄心　外面だけをよく見せかけようと思う気持ち

学科《がっか》の合間《あいま》に話した宗教談《しゅうきょうだん》で一人《ひとり》の令嬢《れいじょう》を救《すく》うた話

頭注版㉖一三五頁

山本《やまもと》――私が担任致《たんにんいた》しておりました生徒の中《うち》に大変虚栄心の強い生徒がいました。一例《れい》を申《もう》しますと、学生服《がくせいふく》にはおよそ不釣合《ふつりあい》なお化粧《けしょう》をしたりして、いつも学校《がっこう》の問題《もんだい》となるのでございました。いくら注意《ちゅうい》を致《いた》しましてもその場限《ばかぎ》りで改《あらた》めようとは致《いた》しません。頭脳《ずのう》が良《よ》いだけ級《きゅう》の統制上《とうせいじょう》にまことにこまりました。それに卒業《そつぎょう》を前《まえ》に致《いた》しておりますので私も重い責任《せきにん》を感《かん》じ思い悩《なや》んでおりました。その頃昨年《ころさくねん》の十月友達《がっともだち》から「生長《せいちょう》の家《いえ》」の紹介《しょうかい》を受けまして『生命《せいめい》の實相《じっそう》』を拝見致《はいけんいた》しました。総《すべ》ての事《こと》が全部《ぜんぶ》書いてございますのに驚《おどろ》きました。これに依《よ》って教育《きょういく》するならば総《すべ》てが解決《かいけつ》し理想的《りそうてき》な教育が出来《でき》るとはっきり知りました。それで毎時間《まいじかん》授業《じゅぎょう》の始《はじ》め或《あるい》は終《おわ》りの二、三分間《ぷんかん》を割《さ》いて、『生命《せいめい》の實相《じっそう》』の話を致《いた》しました。生徒《せいと》は始《はじ》めの頃《ころ》、何《なん》だか変《へん》な顔附《かおつ》きを致《いた》して聴《き》いていましたが、その内《うち》にだんだんと実相《じっそう》の話に興味《きょうみ》を持って真剣《しんけん》に聞くようになりました。それは二月頃《がつごろ》だったと存《ぞん》じますが、私は人間《にんげん》は本来《ほんらい》神の子で、どんな虚栄《きょえい》で包《つつ》み隠《かく》さなくともそのまま、裸《はだか》のままで立派《りっぱ》なダイヤモンドであるという話を生徒達《せいとたち》に致《いた》しました。すると、その虚栄心《きょえいしん》の強いその生徒がその翌日《よくじつ》私のところに参《まい》りまして、「先生《せんせい》いろいろ御心配《ごしんぱい》を掛《か》けまして済《す》みませんでした。先生がよくお話になるように私自身がダイヤモンドである事がよく解りました。先生から御注意《ごちゅうい》を受ける度《たび》に悪かった、と思いますが、又《また》ボロを出した、ああ残念《ざんねん》だ、このボロをどうして包《つつ》み隠《かく》したらよいかとそればかりを考えていまして改《あらた》めるなどあまり考えませんでしたが、昨日《きのう》先生からお話を聞いてとても考えました。何《なに》もダイヤモンドをボロで包《つつ》み隠《かく》す必要《ひつよう》はない、私は今迄《いままで》ほんとうに間違《まちが》った事《こと》ばかり考えておりました。これから卒業迄後《そつぎょうまであと》二ヵ月の学生時代《がくせいじだい》を一所懸《いっしょけん》命《めい》に勉強《べんきょう》して今迄《いままで》の不名誉《ふめいよ》を取返《とりかえ》したいと思います。先生御許《せんせいおゆる》し下《くだ》さい。昨夜《ゆうべ》から先生に早く御目《おめ》にかかって御詫《おわ》びを申上《もうしあ》げたかったのでございました」と申《もう》すのでございました。その時《とき》のような実《じつ》に邪気《じゃき》のない、いい美しい顔《かお》を見たのははじめてでございました。それきり人《ひと》が変《かわ》ったように良《よ》くなったのでございます。私は「生長《せいちょう》の家《いえ》」を知らない迄《まで》は宗教《しゅうきょう》なんていうものは宗教という一《ひと》つの垣根《かきね》の中《なか》にあって特殊《とくしゅ》の人々《ひとびと》にのみ信ぜられ行《おこな》われるもので、私達《わたしたち》の日常《にちじょう》の生活《せいかつ》とはおよそ程遠《ほどとお》いところにあるように存《ぞん》じておりましたが、生長の家の教えを聞いてはじめて私達の日常の生活全部が宗教であり宗教即実生活である事がほんとうによく解りました。

谷口《たにぐち》――岡村《おかむら》さんは仏教《ぶっきょう》の大学《だいがく》におられたのですね。

岡村《おかむら》――大学じゃございません。本山《ほんざん》で経営《けいえい》している学院《がくいん》です。

邪気のない　わるぎのない。無邪気な

谷口《たにぐち》——そこの宗教教育《しゅうきょうきょういく》の方法《ほうほう》はどういうことなんですか。

岡村《おかむら》——宗教家《しゅうきょうか》を養成《ようせい》する学校《がっこう》でありますが、どうも実際《じっさい》の教育法《きょういくほう》では満《まん》点《てん》というわけには行《ゆ》きません。教師《きょうし》にも相当段階《そうとうだんかい》がありまして、学院長《がくいんちょう》とか教頭《きょうとう》なんかですと立派《りっぱ》な人格者《じんかくしゃ》もいらっしゃったのですけれども、最近《さいきん》大学《だいがく》を出《で》て来《き》てホヤホヤのような教師《きょうし》もいられるというようなわけで、本当《ほんとう》に自分《じぶん》でもわかっていない人《ひと》もありますから、自然教《しぜんおし》え方《かた》もルーズなところがありまして、かつて或《あ》る科目《かもく》の教授方針《きょうじゅほうしん》が気に食《く》わぬ——高等科《こうとうか》中等科《ちゅうとうか》八人《にん》の級長《きゅうちょう》が調印《ちょういん》をして弾劾書《だんがいしょ》を出したことがある。私もその後《ご》慚愧《ざんき》に堪《た》えないと始終《しじゅう》思っているのですが、神聖《しんせい》なるべき、一宗《しゅう》の総本山《そうほんざん》に於《お》いて経営《けいえい》される宗教学校《しゅうきょうがっこう》でさえそういう事象《じしょう》が現《あらわ》れたのであります。そしてそこで教《おし》えていることは、釈尊《しゃくそん》の説《と》かれた経典《きょうてん》、それを天親《てんじん》・龍樹乃《りゅうじゅない》至天台《してんだい》・伝教《でんぎょう》・法然《ほうねん》・親鸞《しんらん》・日蓮《にちれん》の先師先哲《せんしせんてつ》がどういう解釈《かいしゃく》を下《くだ》したか、そういう仏教学《ぶっきょうがく》、それに宗教学《しゅうきょうがく》、哲学《てつがく》などを学ぶに過《す》ぎないのでありま

ルーズ　しまりがなく大ざっぱなさま

弾劾書　罪や過失をあばいて責任を追及する書面

慚愧に堪えない　反省して心から恥じ入り、恐縮するさま

釈尊　釈迦の尊称。紀元前四六三〜三八三年頃。仏教の始祖。ゴータマ・シッダッタという名の釈迦族の王子だったが、二十九歳で出家。苦行の末三十五歳で悟りを開いた

天親　五世紀頃のインドの仏教学者

龍樹　二〜三世紀頃のインドの学僧。大乗仏教の祖とされる

天台　天台宗。最澄が開いた教派

伝教　伝教大師。最澄の諡号(おくりな)

法然　法然上人。長承二〜建暦二年。浄土宗の開祖。念仏を唱えれば往生できるとする専修念仏を説いた

して、人格《じんかく》の養成《ようせい》、宗教的情操《しゅうきょうてきじょうそう》の涵養《かんよう》といったようなことにはおよそ縁《えん》遠《どお》いものであります。私、宗教《しゅうきょう》とは神人一体《しんじんいったい》の真理《しんり》を経験《けいけん》することだと自《じ》分《ぶん》で定義《ていぎ》を下《くだ》しておるのですが、無論《むろん》経験といいましても、一生涯《いっしょうがい》の生活《せいかつ》の一部分《ぶぶん》という意味《いみ》じゃなくて全生活《ぜんせいかつ》なんです。その神人一体《しんじんいったい》の真理を生《い》きて行《ゆ》くこと、これが宗教の本質《ほんしつ》である。これが私の確乎《かっこ》たる信念《しんねん》でありま す。あの学院《がくいん》の教育状態《きょういくじょうたい》については、私自身《わたしじしん》としては、あまり多くを語るに忍《しの》びないので、以上《いじょう》でその大体《だいたい》がおわかりねがえると思いますが。

谷口《たにぐち》――なるほど。

宗教《しゅうきょう》教育《きょういく》は先生《せんせい》の良否《りょうひ》に在《あ》る

岡村《おかむら》――それは高野山《こうやさん》にも比叡山《ひえいざん》にもそれぞれ大学《だいがく》がございますし、東京《とうきょう》にもあれば京都《きょうと》にも色々学校《いろいろがっこう》がございますが、一を以《もっ》て総《すべ》てを察《さっ》するのは

親鸞　親鸞聖人。承安三～弘長二年。鎌倉時代の僧。浄土宗の開祖法然の弟子で、浄土真宗を立教した

日蓮　日蓮上人。鎌倉時代の僧。日蓮宗の開祖。『法華経』に帰依する意を表す題目「南無妙法蓮華経」を称えることを説いた

先師先哲　昔のすぐれた師や思想家。先賢

頭注版㉖一三八頁

高野山　和歌山県伊都郡高野町にある高野山真言宗の総本山・金剛峯寺の通称

比叡山　京都市と滋賀県大津市にまたがる天台宗の総本山・延暦寺の通称

どうかと思いますけれども、現代《げんだい》の宗教家《しゅうきょうか》を養成《ようせい》すべき学校《がっこう》にどうもこういう状態《じょうたい》が多いのじゃないかと常《つね》に思うのです。次《つぎ》に宗教《しゅうきょう》と教育《きょういく》との関係《かんけい》でございますが、いう迄《まで》もなく教育の目的《もくてき》は完全《かんぜん》なる人格《じんかく》の養成にあるようでございますが、その完全なる人格とは結局《けっきょく》、神人一体《しんじんいったい》の真理《しんり》を完全に生《い》き抜《ぬ》いた人《ひと》を称《しょう》して完全な人格者《じんかくしゃ》というべきだ、従《したが》って真《しん》の教育と真《しん》の宗教とは一枚《まい》の紙の表《おもて》と裏《うら》になっている。家庭教育《かていきょういく》にしろ、学校教育《がっこうきょういく》にしろ、広くは社会教育《しゃかいきょういく》にしろ、教育の行《おこな》われるところ、そこに必ずや神人一《しんじんいっ》体《たい》の真理を以《もっ》て裏附《うらづ》けられるような方法《ほうほう》がなければならぬ。そこまで行《ゆ》けば本当《ほんとう》に完全な宗教教育《しゅうきょうきょういく》が出来《でき》るのじゃないかというふうに思っております。それから、その具体策《ぐたいさく》になりますと、先刻《せんこく》から色々《いろいろ》お話を伺《うかが》いましたし、又《また》私は教育の専門家《せんもんか》ではございませんから詳《くわ》しいことは申《もう》し兼《か》ねますが、唯神人一体《ただしんじんいったい》、父子一体《ふしいったい》、我《わ》れ神の子なりという真《しん》の自覚《じかく》を持った教育《きょういく》者《しゃ》が、人格者が、そのことに当《あた》る、結局ここへ行《ゆ》かなくちゃ駄目《だめ》なんです。

谷口《たにぐち》――要《よう》するに先生《せんせい》の問題《もんだい》ですね。

岡村《おかむら》――そうです。これが第《だい》一の重要条件《じゅうようじょうけん》でしょうね。

谷口――結局今《けっきょくいま》までの既成宗教《きせいしゅうきょう》が振《ふる》わないとかいうのも、既成宗教の中《なか》から尊敬《そんけい》すべき本当《ほんとう》の人格《じんかく》を得《え》た人格者《じんかくしゃ》が出ないということになるので、既成宗教の解説《かいせつ》が正しいとか、新興宗教《しんこうしゅうきょう》の教理《きょうり》が正しくないとか、それを理《り》論《ろん》を堂々《どうどう》と述《の》べてみたところが、本当にそこに生《い》きた宗教教育《しゅうきょうきょういく》を施《ほどこ》す中《ちゅう》心《しん》になる人間《にんげん》がいないために既成宗教が衰《おとろ》えて来《き》たという事《こと》になるのですね。近頃《ちかごろ》新興宗教に対《たい》して色々《いろいろ》の批難《ひなん》も見受《みう》けられますけれども、新興宗教がそれぞれ人《ひと》を集めている原因《げんいん》というのは、やはりその中心になる人に何《なに》かその、人を惹附《ひきつ》ける或《あ》る人格というものがあって、そうして自然《しぜん》と人々《ひとびと》が随喜《ずいき》して集《あつま》ってきて、その集《あつま》って来《き》た人達《ひとたち》がその教《おしえ》によって何《なに》か法悦《ほうえつ》というか、喜《よろこ》びを引出《ひきだ》されて、そこに生《い》き甲斐《がい》というようなものを感《かん》ずるからでしょう。――ところで、それじゃ形式《けいしき》は要《い》らないのかということになるのです

新興宗教　幕末・維新期以降今日までに成立した宗教を指す

随喜　心からありがたく思い、喜ぶこと

法悦　真理に触れて心に生ずる喜び

が、平塚《ひらつか》さんは坐禅《ざぜん》を長《なが》らくなさったのでございましょう。あの坐禅《ざぜん》は形《かたち》の上《うえ》から入《はい》るようでございますが、あの坐禅《ざぜん》の御修行《ごしゅぎょう》の中《なか》に於《お》いて、何《なに》かお得《え》になったところがありましたらお話し下《くだ》さいませんか。

私の体験《たいけん》した坐禅《ざぜん》の功徳《くどく》

平塚《ひらつか》――非常《ひじょう》にたくさんあって、特《とく》にその中《うち》どれがいいと申上《もうしあ》げられないのでございますが、今《いま》でも始終坐禅《しじゅうざぜん》はやっております。何《なん》でございますか、自分《じぶん》の身《み》についてしまっておりますので、特《とく》にあの当時《とうじ》どうだったという質問《しつもん》に対《たい》しては、ちょっと少《すこ》し、自分と一《ひと》つになりすぎているかに感《かん》じますけれども。あの中《うち》で、非常に形式的《けいしきてき》なものがございますね――、それは――、当《とう》時《じ》まだ若うございましたから、何《なに》かひどくやはり型《かた》ばかり喧《やかま》しくいっても仕《し》方《かた》がないから、体験の方《ほう》だけ主《しゅ》にして、形のことはほとんどやりませんでしたけれども、だんだん今《いま》になって考えてみますと、やはりその形《かたち》があったのであすこまで辛抱《しんぼう》も出来《でき》、あの空気《くうき》の中《なか》に入《はい》っていたからこそ、あれだけのことも出来たので、坐禅《ざぜん》だけお寺から離《はな》して来《き》て自分《じぶん》一人《ひとり》でやってもあすこまでは行《ゆ》けなかったのじゃないかと思います。

谷口《たにぐち》――どこのお寺にお出《い》でになったのですか。

平塚《ひらつか》――あっちこっち飛《と》び飛《と》びにやりましたけれども、一等《とう》しまい頃《ごろ》は西《にし》宮《みや》の西海寺《さいかいじ》、あの南天棒《なんてんぼう》のあすこのお寺。

谷口――坐禅《ざぜん》というとどういうことをするのですか。

平塚――型通《かたどお》りに坐《すわ》りまして、臨済《りんざい》のことですから、公案《こうあん》が出る。それを主《しゅ》題《だい》にして自分《じぶん》が心を練《ね》って行《い》って、時間《じかん》を決めて坐《すわ》りまして、始《はじ》めには、お線香《せんこう》一本《ぽん》でチョイチョイ休みましたけれども……

谷口――お線香一本というと？

平塚――四、五十分間《ぷんかん》でございます。最初《さいしょ》はその一回《かい》がやり切れないのでご

南天棒　中原鄧州。天保十〜大正十四年。警策として南天の棒で修行者を厳しく導いたため、南天棒の異名を持つ。山岡鉄舟、乃木希典、児玉源太郎、平塚らいてうらに影響を与えた

臨済　臨済宗。唐代の臨済義玄を祖とする禅宗の一派。参禅問答による自己究明を宗旨とする

公案　禅宗で悟りに導くために与える課題

ざいましたけれども、終《しま》いに一日中位坐《いちにちじゅうぐらいすわ》っておりました。
谷口《たにぐち》――その間《あいだ》には公案《こうあん》を考えているのですか？
平塚《ひらつか》――そうでございます。一《ひと》つ何《なに》か与えられた公案それに集中《しゅうちゅう》しているのでございますね。
谷口――公案の文字《もじ》を念《ねん》じているのですか？　それを如何《いか》に解決《かいけつ》しようかと念《ねん》ずるのですか？
平塚――それを解決しなければならないのですけれども、初期《しょき》の頃《ころ》はそれを理窟《りくつ》で解決しようと思いまして、頭《あたま》の中《なか》で色々理窟《いろいろりくつ》で以《もっ》て、いろいろ弄《ひね》るのでございますけれども、どうもそれでは本当《ほんとう》の解決がつかない。その間《あいだ》に参《さん》禅《ぜん》ということが――どうしてもその坐禅《ざぜん》しているだけでなく、参禅しなければならない。
谷口――参禅とはどうするのですか？
平塚――老師《ろうし》の室《しつ》に入《はい》るのでございます。自分《じぶん》の公案に対《たい》しての、こう思う

参禅　座禅をすること。ここでは、師の下に参じて教えを乞うこと

とかいうことを、そこに言葉なり動作《どうさ》なり何《なん》なりで表示《ひょうじ》しなければならないのです。最初《さいしょ》は（他《ほか》の方《かた》は知りませんが、）私のことをいえば、言葉の上《うえ》にひっかかりました。一番初《ばんはじ》めに出た公案《こうあん》が「父母未生以前《ふぼみしょういぜん》の本来《ほんらい》の面目《めんぼく》」――大分旧《だいぶふる》いことで少し忘れ、今《いま》まで自分《じぶん》が知っていた色々哲学上《いろいろてつがくじょう》の知識《ちしき》なんかで以《もっ》て、あれはああでないかこれはこうでないかというふうなことばかりクルクル廻《まわ》っておりまして、そうして何《なに》か、参禅《さんぜん》の時《とき》いいますとそれを叩《たた》き毀《こわ》されますが、終《しま》いには理窟《りくつ》じゃいけないし、頭《あたま》で考えてもいけないということになりましてそれから今度《こんど》は本気《ほんき》でやり出したのでございますが、参禅しなければならない時が来《き》ても、いうことがないのでございます。が、それでも何《なん》でも無理《むり》に引出《ひきだ》す。やはりこう何《なに》もいうことはないし、言葉がないのでございますけれども、唯《た》だ一人《ひとり》でじっと坐《すわ》っているだけでも、老師《ろうし》の前《まえ》へ出まして型通《かたどお》り――自分がわからなければ、脇《わき》へ坐《すわ》ってじっとしてお辞儀《じぎ》して帰って来《き》ただけでも、何《なん》となく気がしまるのでございます。それで皆《みな》

「父母未生以前の本来の面目」 父母が生まれる以前からの自分の本来の姿は何かと問う公案

にいやだといっても、叩《たた》き出《だ》して参禅《さんぜん》させるのでございます。そうして禅《ぜん》では悟《さと》るということを「見性《けんしょう》」といっておりますが、最初《さいしょ》三、四ヵ月《げつ》も坐《すわ》りまして、そこで見性出来《けんしょうで》たと思っていたのでございまして、まだ本物《ほんもの》でなく、ただ一《ひと》つの段階《だんかい》には達《たっ》していたのでございます。今《いま》の忙《いそが》しい時《とき》でも、坐《すわ》ることは止《や》めませんで、ちょっといたしましても直《す》ぐ、車《くるま》の中《なか》でもやっておりますす。坐《すわ》っておる状態《じょうたい》に入《はい》るというのは、始終自分《しじゅうじぶん》と別《べつ》のものでなくなっておりますので、それが善《ぜん》だか悪《あく》だか知りませんけれども、とにかくそんな習慣《しゅうかん》がついたというのは若い時分《じぶん》にその或《あ》る形式《けいしき》の中《なか》に自分が入《はい》って行《ゆ》きましてやって来《き》たことが身《み》についたのだと思っております。

谷口《たにぐち》――その見性《けんしょう》せられたということを境《さかい》にして、実際生活《じっさいせいかつ》がこういうふうに変《かわ》って来《き》たというふうなはっきりしたことはございませんか？

平塚《ひらつか》――いわゆる見性《けんしょう》した後《のち》に、非常《ひじょう》に自分の気持《きもち》が楽《らく》になりましたし、何《なん》にも少《すこ》しも不安《ふあん》もなく色々《いろいろ》なことが出来ましたから、自分としては非常によかったのですけれども、それだけ調子《ちょうし》を取るのに誤《あやま》った点《てん》もあり、行《ゆ》き過《す》ぎたかも知れませんが、自分《じぶん》としては行《ゆ》き過《す》ぎたと思っても別《べつ》に何《なん》とも思っていやしませんけれども、今《いま》考えると非常《ひじょう》に自分の力《ちから》が溢《あふ》れて、外《そと》へこう零《こぼ》れる位《くらい》になっておりましたので、それをしめつけて行《ゆ》くことが出来《でき》なかったのでございます。

谷口《たにぐち》――なるほどね。

平塚《ひらつか》――非常に、若さもありましたし、そういったふうの修行《しゅぎょう》の方《ほう》がまことに自分に、とても自分としては愉快《ゆかい》な気持《きもち》になりまして、じっと何《なに》もしていられない位《くらい》に溢《あふ》れて来《き》て……

谷口――そういう時期《じき》を通過《つうか》したら、もっと静かな気持《きもち》になって来《き》ましたか？

平塚――それからだんだん静かなところに行《い》って、ずっとこう最初《さいしょ》、非常に自分だけえらく見えた時《とき》があったのでございます。

谷口《たにぐち》――なるほどね。

平塚《ひらつか》――そうして、人《ひと》が下《した》に見える、といってはわるいかも知れませんけれども、人のやっていることが目に見えて仕様《しよう》がないのでございまして、妙《みょう》なことに引掛《ひっかか》って、人達《ひとたち》の色々《いろいろ》の生活《せいかつ》が馬鹿馬鹿《ばかばか》しいというふうな気持《きもち》になりまして、自分《じぶん》でずっとそこへ入《はい》って行《ゆ》く気になれない――今《いま》はそれが非常《ひじょう》に出来《でき》て来《き》ましたけれども……。

谷口――見性《けんしょう》が一層《いっそう》進んで来《き》たわけですね。

平塚――一時《ひととき》から思うと、とても開《ひら》けたと思いますが、一時《じ》は緊張《きんちょう》していたせいか……

谷口――あんまり人が下《した》に見えるのは本当《ほんとう》じゃないでしょう。

平塚――今考えると、実際《じっさい》細《こま》かい色々な体験《たいけん》でなく、ずっと一直線《いっちょくせん》に上《うえ》へあがってしまって、そうして唯《ただ》その時《とき》は非常に人間的《にんげんてき》な色々な知能《ちのう》、そういったところに突入《とつにゅう》するというのが馬鹿馬鹿《ばかばか》しいというような感《かん》じがいたしましたが……
谷口《たにぐち》――坐禅《ざぜん》しても……
平塚《ひらつか》――私のような若うて、あまりいわゆる人生《じんせい》の体験《たいけん》をしませんで、人間《にんげん》的《てき》な苦しみをしないでいて、一足飛《いっそくと》びにそういうふうな坐禅《ざぜん》とかを体験してみまして、それから今度《こんど》は後《あと》から人間的な世界《せかい》に進むのと、実際《じっさい》に世間的《せけんてき》な苦しみをして、そういうふうな宗教的《しゅうきょうてき》な生活《せいかつ》に入《はい》って来《く》るのと、どちらが好《よ》いのでしょうか。私のような学生時代《がくせいじだい》から実際生活《じっさいせいかつ》の上《うえ》では非常《ひじょう》に幸福《こうふく》に育って、自分《じぶん》が高いところに止《とま》って婦人《ふじん》の色々《いろいろ》な苦しい生活を軽蔑《けいべつ》して眺《なが》めるようなことから、今度は自分がそこへ入《はい》って来《き》た行《ゆ》き方《かた》とどちらがどうなんでございますか……
谷口――それはどちらもいいのですよ、各々《おのおの》その人《ひと》にとっては。
平塚――そんなことを考えますと、実《じつ》に高慢《こうまん》な時代《じだい》があったと思います。男の人《ひと》も女の人も実《じつ》に馬鹿《ばか》のように見えまして、今《いま》とても恥《はず》かしゅうございますけれども、たしかにそういう気持《きもち》でございました。

坐禅《ざぜん》でなくとも唯《ただ》静かに坐《すわ》らせる

谷口《たにぐち》――さっき井上先生《いのうえせんせい》が、或《あ》る生徒《せいと》が生長《せいちょう》してから牢獄《ろうごく》へ入《はい》って、それから聖書《せいしょ》のことを思《おも》い出《だ》して善《よ》い人間《にんげん》になったという話をされましたが、あれは幼《おさな》い時《とき》にバイブルの講義《こうぎ》を聞いたとかいうふうな事実《じじつ》もありますけれども、一《ひと》つは牢獄という静かなところに幽閉《ゆうへい》されておったということが、その人間《にんげん》の実相《じっそう》を呼出《よびだ》した一つの原因《げんいん》ではないかと思いますね。祈《いの》りでも、坐禅《ざぜん》でも、神想観《しんそうかん》でも、静かに坐《ざ》して移《うつ》り変《かわ》る現象《げんしょう》に執《とら》われる心を静めていると自然《しぜん》に実相が顕《あらわ》れて来《く》るということになるのだろうと思いますがね。

井上《いのうえ》――そうでございますね。

谷口――それでこの、静坐法《せいざほう》というような、何《なん》となしにしばらく坐《すわ》って心を

頭注版㉖一四六頁

幽閉　とじこめて外に出さないこと

落著《おちつ》けるというやり方《かた》、唯瞑目《ただめいもく》してしばらく有難《ありがた》いという感《かん》じを思《おも》い浮《うか》べるとか、或《あるい》は御恩《ごおん》に報《むく》いたいという感じを思《おも》い浮《うか》べるとか、或《あるい》は各自《かくじ》その家《いえ》の宗教《しゅうきょう》の本尊《ほんぞん》とするところの仏様《ほとけさま》なり神様《かみさま》を想《おも》い浮《うか》べて坐《すわ》るというふうなことをやれば、結局《けっきょく》この内面的《ないめんてき》に自分《じぶん》の実相《じっそう》を導《みちび》き出《だ》すことになる。偏寄《かたよ》らないで宗教的情操《しゅうきょうてきじょうそう》を施《ほどこ》すには、授業《じゅぎょう》の前《まえ》とか後《あと》とかに、この種《しゅ》の静かに坐《ざ》する行事《ぎょうじ》をやると好《よ》いと思います。

瞑目　目をつぶること

自分の今日《こんにち》ある所以《ゆえん》の本源《ほんげん》を知らせるのが宗教教育《しゅうきょうきょういく》

井上《いのうえ》――そういうふうに思われますね。結局自分の今日《こんにち》ある生命《せいめい》、自分の今《こん》日《にち》ある動作《どうさ》、働《はたら》き、それの本源を摑《つか》むということが大事《だいじ》なんです。これは日《にっ》本《ぽん》の普通教育《ふつうきょういく》、宗教的《しゅうきょうてき》でなしに、いつもやはり国恩《こくおん》を知るということです。平《ひら》たくいってここに戦争《せんそう》があって、あちらに逃《に》げこちらへ逃げるという

頭注版㉖一四七頁

ことはいけないということは皆《みな》わかって来《き》ているのですから、隣《となり》に火事《かじ》が起《おこ》っても学業《がくぎょう》どころの騒《さわ》ぎではない。又家《またいえ》に病人《びょうにん》があっても来《こ》られない場合《ばあい》もありましょうし、自分《じぶん》が病気《びょうき》なれば尚更《なおさら》、毎日《まいにち》同じように健《すこや》かに来《こ》られるということは非常《ひじょう》に感謝《かんしゃ》しなければならぬ。それはどこから来《く》るかというと、父母《ふぼ》の恩《おん》もあるし、国王《こくおう》の恩もある、もう一《ひと》つ進めれば神の恩ということにもなって来《き》ますね。だが総《すべ》てそこが科学的《かがくてき》に私は始終《しじゅう》思うのです、始終、原因《げんいん》原因と溯《さかのぼ》って行《ゆ》く研究心《けんきゅうしん》が科学的であれば又宗教的《またしゅうきょうてき》になる。この自分の力《ちから》が、その源《みなもと》はどこから来《く》るかというようなことをよく児童《じどう》に考えさせると、自分の力だというようなことを考えることが出来《でき》なくなってくる。それが一番大事《ばんだいじ》ですね。旅行《りょこう》しておってもそうですね、極《ご》く手近《てぢか》なところで両親《りょうしん》のことを想《おも》い、兄弟《きょうだい》に心配《しんぱい》かけないようにとかいうふうに、始終儒教《じゅきょう》の「身体髪膚《しんたいはっぷ》これを父母《ふぼ》に受く、敢《あえ》て毀傷《きしょう》せざるは孝《こう》の始《はじめ》なり」というふうに。儒教でも同じものですね。やはり自分の出発点《しゅっぱつてん》をよく考える

儒教　孔子を祖とする学派の教え。仁義道徳を説き、身を修め、人を治めることを目的とした

「身体髪膚…」　儒教の四書五経の一書『孝経』にある言葉。身体はすべて父母からいただいたものであるから、そこなったり傷つけたりしないよう努めるのが親孝行の第一である、の意

毀傷　そこない傷つけること

孝　親を大切にし、よく仕えること

と、他《た》の力《ちから》があることがわかって来《く》るような気がします。

有難《ありがた》い感《かん》じの養成《ようせい》が宗教的情操《しゅうきょうてきじょうそう》の養成

谷口《たにぐち》――つまり、平塚《ひらつか》さんが最初《さいしょ》、宗教的情操とは「個《こ》」が全体《ぜんたい》に融《と》け込《こ》んだ感じだと被仰《おっしゃ》った。「個」が本来孤立《ほんらいこりつ》した存在《そんざい》でなく、全体に融《と》け込《こ》み、全体に関係《かんけい》してはじめて存在しているものであるという自覚《じかく》から、自然《しぜん》に湧《わ》いて来《く》る有難《ありがた》いという感じ、これが宗教的情操です。「天地一切《てんちいっさい》のものに感謝《かんしゃ》せよ、皇恩《こうおん》に感謝せよ、父母《ちちはは》に感謝せよ、夫又《おっとまた》は妻《つま》に感謝せよ」と生長《せいちょう》の家《いえ》の教《おしえ》にあるのがそれです。自分《じぶん》が一人《ひとり》で生《い》きておったら、何《なに》か自分の力がやっておるのだから有難《ありがた》いとも何《なん》とも思わないが、有難《ありがた》いというのは全体の生命《せいめい》と自分の生命《せいめい》とが繋《つな》がっておって、恵《めぐ》みによって生《い》きている自覚が出来《でき》る。宗教的情操とはこの「有難《ありがた》い」という深い感じだと思いま

頭注版㉖一四八頁

「天地一切の…」 著者に天降った「大調和の神示」にある言葉

皇恩 日本の国の中心に天皇陛下をいただく恩恵

す。

井上《いのうえ》――そうです。

谷口《たにぐち》――ですから、宗教的《しゅうきょうてき》な情操《じょうそう》の養成《ようせい》は「有難《ありがた》い」という感《かん》じを常《つね》に喚《かん》起《き》するようにつとめて行《ゆ》くということによって、知《し》らず識《し》らずの中《うち》に全体《ぜんたい》と融《と》け込《こ》んだ一《ひと》つの感じというものが出《で》て来《く》る。したがって又利己主義《またりこしゅぎ》というふうなことも自然《しぜん》と起《おこ》って来《こ》なくなる――

佐藤《さとう》――唯《ただ》、そのこういうことがあるのですが。「ありがたがり屋《や》」というのがあります。あれが我々《われわれ》には非常《ひじょう》に不愉快《ふゆかい》に見える一つの型《かた》なんです。

谷口――それは御利益信心《ごりやくしんじん》のことですか？

佐藤――御利益信心《ごりやくしんじん》といいますか、有難《ありがた》いといってもそれは言葉の上《うえ》のありがたがりであって、本当《ほんとう》の魂《たましい》のない有難《ありがた》がり屋《や》といえましょう。例《たと》えばこういうのがございます。極《ご》く卑近《ひきん》な例《れい》が、「何《なん》でも神様《かみさま》が与えて下《くだ》さるのだからありがたい、ありがたい」こういっているのですね。それでいて、始終《しじゅう》

喚起　よびおこすこと

御利益信心　神仏が与える具体的なものをありがたがって信仰すること

卑近　身近なありふれたこと

仲《なか》のわるい人間《にんげん》がいるのですね。そういった実例《じつれい》が僕《ぼく》の周囲《しゅうい》に学校時代《がっこうじだい》にあった、それなんです。それからその「ありがたい」ということを口にするのは随分変《ずいぶんへん》な話ですけれども、いやに聞《きこ》える「ありがたがり」があるのです。それが私共《わたしども》のような若い人間《にんげん》にはどうもその賛成出来《さんせいでき》ないことなんですが。先生《せんせい》が「ありがたいと思え」ということをお教《おし》え下《くだ》さるから、本当《ほんとう》にそうだと思いながらも、そういう変な「有難《ありがた》がり屋《や》」を……

谷口《たにぐち》――そういう人《ひと》は本当はありがたいと思っていやしない、ありがたいと口にいって発表《はっぴょう》するだけのこと……

佐藤《さとう》――そうなんです。それが要《よう》するに本当に「ありがたい」ということと、ありがたがれと形式的《けいしきてき》に努《つと》めるとの相違《そうい》でございますね。結局《けっきょく》「ありがたい」という口先《くちさき》だけのありがたがり屋になってしまって、実際《じっさい》にはちっとも有難《ありがた》くない生活《せいかつ》をする人が出て来《く》る。やはりそれは形《かたち》に執《と》られて……

谷口――そうなると、ありがたいという言葉も、坐禅《ざぜん》の公案《こうあん》みたいなもので、(笑声《しょうせい》) 人《ひと》それぞれによって取《と》り方《かた》にも深さにも色々《いろいろ》ある。生命《せいめい》の本質《ほんしつ》が解《わか》っての有難《ありがた》さでないと本物《ほんもの》ではない。

佐藤《さとう》——どうも僕《ぼく》という人間《にんげん》がそう見えるのかも知れませんが、僕と同時代《どうじだい》の人間は全部《ぜんぶ》それをいうのです。「神」というだけでもう反抗《はんこう》するというような性格《せいかく》、それがそういうふうに現《あらわ》れて来《き》て、そうして中学校《ちゅうがっこう》、専門学校《せんもんがっこう》程度《ていど》となって来《き》ますと、神ということを否定《ひてい》するのにも、も少《すこ》しちょっと言《い》い廻《まわ》しをするようになるのですが、それもありがたがり屋《や》に対《たい》する嫌悪《けんお》の情《じょう》緒《ちょ》になって出《で》て来《く》る、それは非常《ひじょう》に多いのですがね、僕と同期《どうき》の人間には。

岡村《おかむら》——正しいありがたさの意味《いみ》がわかればそんなことはないでしょう。

谷口《たにぐち》——それは禅宗《ぜんしゅう》にすれば、公案《こうあん》がまだ解《と》けていないのですよ。それはあまり心配《しんぱい》しなくてもいいのじゃないかと思われます。

平塚《ひらつか》——ありがたいということもなかったらもっとわるいかも知れません……

佐藤——有難《ありがた》いと口にいわずに生《い》きている人間の方《ほう》が尊《とうと》く見える人間がある

言い廻し　言い表し方。特に、技巧を凝らした言い方

情緒　喜び、悲しみ、怒り、恐怖、不安など、一時的で急激な心の動き。「じょうしょ」とも読む

のです。何故《なぜ》こういうことを申上《もうしあ》げますかというと、形《かたち》から入《はい》って行《ゆ》くと充《じゅう》分《ぶん》に教《おし》え得《え》ないものがあるように僕《ぼく》は思うのでございます。そうでなしに、内《うち》から出《で》て来《き》たありがたいという感《かん》じですと実《じつ》に尊《とうと》く見えるのです。山根八《やまねや》春先生《はるせんせい》の日常生活《にちじょうせいかつ》の態度《たいど》、これを拝見《はいけん》しましたら、ハッと始《はじ》めから頭《あたま》が下《さが》る。あの方《かた》の行《おこな》いには全《まった》く一語《ご》一語有難《ありがた》いという敬虔《けいけん》の念《ねん》が出ておられて、そういうのは実《じつ》によくわかる。

井上《いのうえ》――私はね、よく子供《こども》にいうのですが、或《あ》る意味《いみ》に於《おい》て人間《にんげん》ほどわるいことをしている奴《やつ》はない、食物《しょくもつ》でも、鶏《にわとり》の卵《たまご》をとってくるし、野菜《やさい》は無《む》論《ろん》のこと、そうして世界中《せかいじゅう》の動物《どうぶつ》をとって来《き》て犠牲《ぎせい》にしている。すべての生物《せいぶつ》が人間のために命《いのち》を捨《す》ててくれている。そしたら人間は誰《たれ》のために命《いのち》を捨てるかというのです。そこで有難《ありがた》いという感じが起《おこ》るのです。他《た》から生命《せいめい》を捨ててもらって生《い》きているから、他《た》のために生命《せいめい》を捧《ささ》げる義務《ぎむ》もある。それは神の意《みこころ》に随《したが》わなければならぬ。神が特別《とくべつ》にこういう特権《とっけん》を与えて下《くだ》さるのであるから、そのお礼《れい》といいますか、神のみ心に適《かな》いたい、そこに宗教心《しゅうきょうしん》がある。そうすれば、有難《ありがた》い、神が与えて下さるという気が起《おこ》る……

本当《ほんとう》の宗教的情操《しゅうきょうてきじょうそう》のない先生《せんせい》よりも良書《りょうしょ》が好《よ》い

頭注版㉖一五二頁

岡村《おかむら》――「ありがたがり屋《や》」というのは現象《げんしょう》の有難《ありがた》さをありがたがる「有《あり》難《がた》がり屋《や》」であって、実相《じっそう》の有難《ありがた》さを、ありがたがっているのじゃないと思います。だから時《とき》と場合《ばあい》によって淋《さび》しさが……

佐藤《さとう》――その淋しさを味《あじ》わわせない教育《きょういく》は、今《いま》のところないかと思うのですが……

谷口《たにぐち》――やはり指導者自身《しどうしゃじしん》の「有難《ありがた》さ」が本物《ほんもの》であることが必要《ひつよう》ですよ――相場《そうば》で儲《もう》かったから有難《ありがた》いというのもありましょうし、信仰《しんこう》に入《はい》ったおかげ

相場　株式などを市場で売買する時の値段

で道《みち》を歩いておったらお金《かね》が五千円《えん》落ちているのを拾《ひろ》った、それを自分《じぶん》が使ったから有難《ありがた》いというような変《へん》な有難信心《ありがたしんじん》というのもありますからね。

岡村《おかむら》――我《われ》神の子なりという自覚《じかく》が溢《あふ》れ出《で》て来《く》ると、存外逆境《ぞんがいぎゃっきょう》にいましても有難《ありがた》いものです。

佐藤《さとう》――そうです。

岡村――それはやはり、生命《せいめい》の実相《じっそう》の自覚を教育界《きょういくかい》の指導者《しどうしゃ》にもっと注込《つぎこ》むということが必要《ひつよう》です。間違《まちが》った指導者に導《みちび》かれると変《へん》な有難《ありがた》がり屋《や》になります。

谷口《たにぐち》――善《よ》き指導者は今《いま》の教育界《きょういくかい》ではなかなか尠《すくな》いですよ。暁天《ぎょうてん》の星《ほし》のように少《すくな》いですから。

岡村――世間一般《せけんいっぱん》からいえばそうなんです。

谷口――そこで、下手《へた》な指導者につく位《くらい》ならば、「自分《じぶん》で『生命《せいめい》の實相《じっそう》』を根気《こんき》よく読め」と私はいうのです。宗派《しゅうは》に偏《へん》した儀式《ぎしき》も儀礼《ぎれい》も要《い》らないで、

五千円 現在の約一千万～一千五百万円に相当する

存外 物事の程度などが予想と食い違うこと。意外。案外

逆境 不運で思うようにならず、苦労の多い境遇

暁天の星 明け方まばらにしか見えなくなった星。数が少ないことのたとえ

簡単《かんたん》に宗教的情操《しゅうきょうてきじょうそう》が養《やしな》われる、十年坐禅《ねんざぜん》しても得《え》られなかった悟《さと》りが得《え》られたというような人《ひと》がたくさんあります。手前味噌《てまえみそ》のようですけれど。

佐藤《さとう》――いや本当《ほんとう》は近い将来《しょうらい》に『生命《せいめい》の實相《じっそう》』が小中学校《しょうちゅうがっこう》の教科書《きょうかしょ》に入《はい》るべきものだと思うのでありますけれども、そうなれば文句《もんく》ないと思うのです。それまでの問題《もんだい》でございますね。

平塚《ひらつか》――よくない指導者《しどうしゃ》が来《く》るよりもはるかによろしい。書いた人が直接《ちょくせつ》に読者《とくしゃ》に愬《うった》えるところがあります。

谷口《たにぐち》――読《よ》み物《もの》はやはり芸術品《げいじゅつひん》なんですから、言葉の韻《ひびき》というものが――本当に書いた人の韻《ひびき》が入《はい》っていますからね。

立仙《りっせん》――今度《こんど》は公然《こうぜん》と、宗教《しゅうきょう》に関《かん》する良《よ》い書物《しょもつ》を学校《がっこう》では読むように奨励《しょうれい》しなさいというお布令《ふれ》ですね、文部当局《もんぶとうきょく》では――。

佐藤――そうでございますか。

岡村《おかむら》――仏教方面《ぶっきょうほうめん》では木津無庵《きづむあん》、藤波大圓《ふじなみだいえん》というような方《かた》が中等学校《ちゅうとうがっこう》を

手前味噌　自家製の味噌の味を自慢する意より、自分で自分をほめること

愬える　思いや気持ちを告げる

木津無庵　慶応三～昭和十八年。真宗大谷派の僧侶。東京に誠明学舎、名古屋に仏教協会を設立した。各地の師範学校で巡回講演した。訳書に『新訳仏教聖典』等がある

藤波大圓　明治二十六～昭和二十年。真宗大谷派の僧侶

廻《まわ》りまして、仏教《ぶっきょう》の講演《こうえん》をしてみえるのです。なかなか成績《せいせき》がよろしいので、私の弟《おとうと》が農学校《のうがっこう》にいましてテキストを持って帰りまして、今日《きょう》はこのテキストについて話を聞いて来たがよかったというのです。他《ほか》の自分《じぶん》の農《のう》業《ぎょう》方面《ほうめん》の課目《かもく》よりはそれを喜《よろこ》んでいるのです。ちょうど中等学校《ちゅうとうがっこう》三年位《ねんぐらい》からは、美的情操《びてきじょうそう》と共《とも》に宗教的情操《しゅうきょうてきじょうそう》が特《とく》に発達《はったつ》するのじゃないかと思うのですが。だから中等学校にああいう思想《しそう》、宗教方面《しゅうきょうほうめん》の正しい思想を与えて歩くということは非常《ひじょう》に有利《ゆうり》なことじゃなかろうかと思いますがね。

立仙《りっせん》――今度《こんど》、宗教的情操教育《しゅうきょうてきじょうそうきょういく》というものがいよいよ訓令《くんれい》になりましたが、文部省《もんぶしょう》が笛《ふえ》を吹《ふ》いても一般的《いっぱんてき》の感《かん》じはちょっとも踊《おど》りませんね。あの答《とう》申案《しんあん》が出ました時分《じぶん》には各新聞《かくしんぶん》にちょっと書きましたが、近頃《ちかごろ》はほとんど書いてないですな。昨日関西《きのうかんさい》の或《あ》る誌友《しゆう》から手紙《てがみ》が来《き》まして、十四日《か》の『朝日《あさひ》新聞《しんぶん》』の社説《しゃせつ》を読んでくれといってきました。探《さが》しに行《い》って読んでもらいました。それは今度《こんど》の邪教《じゃきょう》の手入《てい》れについての社説なんです。その結論《けつろん》は、

誌友　狭くは月刊誌『生長の家』の読者を指し、広くは「生長の家」信徒を指す

『朝日新聞』　明治十二年に大阪で創刊した日刊新聞。『東京朝日新聞』の創刊により大阪発刊版は『大阪朝日新聞』と称した。昭和十五年に『朝日新聞』に統一した

邪教の手入れ　大正から昭和にかけて内務省当局によって「淫祠邪教」とみなされた各種の新興宗教が監視されたり検挙されたりした

色々《いろいろ》その検察当局《けんさつとうきょく》は神経《しんけい》を悩《なや》ましておるようだけれどもその根本的《こんぽんてき》の解決《かいけつ》策《さく》は外《ほか》にない、宗教的情操《しゅうきょうてきじょうそう》を小さい時分《じぶん》から社会《しゃかい》の各層《かくそう》に涵養《かんよう》することそれより外《ほか》に何《なに》もないという結論《けつろん》でございました。それからその人《ひと》から、香《か》川県《がわけん》では今度《こんど》宗教的情操の教育《きょういく》のために有名《ゆうめい》な学者《がくしゃ》を呼《よ》んで県下《けんか》の教育団《きょういくだん》体《たい》の向上《こうじょう》を謀《はか》るという報告《ほうこく》がございました。一般《いっぱん》の輿論《よろん》からしても、文部《もんぶ》当局《とうきょく》の意向《いこう》からしてもちょうど宗教教育《しゅうきょうきょういく》を施《ほどこ》すにはいい機会《きかい》でありますから、吾々《われわれ》一宗一派《いっしゅういっぱ》に偏《へん》しない宗教教育団体《しゅうきょうきょういくだんたい》がこういう機会《きかい》に打って出て一度《ど》やりたいと思いますね。

谷口《たにぐち》――生長《せいちょう》の家《いえ》の使命《しめい》を果《はた》す非常《ひじょう》な時期《じき》が熟《じゅく》してきたのですね。

井上《いのうえ》――いくら学者を呼んだって、宗教的情操ではなしに宗教学的情操《しゅうきょうがくてきじょうそう》では駄目《だめ》です。ちょっと情操《じょうそう》といっても霊的《れいてき》にならなくちゃ駄目《だめ》です。いくら「物《もの》」を練《ね》ったって駄目《だめ》です。

谷口――人格的信仰的《じんかくてきしんこうてき》になって来《こ》なくちゃ駄目《だめ》ですね。

輿論　ある社会的問題についての多数の人々の意見。世論

井上《いのうえ》——やはり自己《じこ》の霊《れい》を信じなければ。霊《れい》の実在《じつざい》を信ずる事《こと》が最《もっと》も根本《こんぽん》ではないかと思う。それをまあこれまでは死んだらそれきりという浅薄《せんぱく》な考《かんがえ》でやっているのですから。

谷口《たにぐち》——来世《らいせ》の存在《そんざい》のことで想《おも》い出《だ》しましたが、宗教的情操《しゅうきょうてきじょうそう》とは、個《こ》と全体《ぜんたい》との融合意識《ゆうごういしき》、神と自己《じこ》との一体感《いったいかん》というものであるとして、それが、ずっとこの座談《ざだん》の主題《しゅだい》を貫《つらぬ》いて参《まい》りました。これは縦《たて》に自己《じこ》の本質《ほんしつ》を貫く真理《しんり》です。ところが、今《いま》、井上先生《いのうえせんせい》のお話で思い出しましたが、宗教的情操のもう一《ひと》つ横《よこ》の真理となるものは、三世《さんぜ》を貫く因果《いんが》の法則《ほうそく》を信ずるということです。つまり生長《せいちょう》の家《いえ》でいうと「三界《さんがい》は唯心《ゆいしん》の所現《しょげん》である」とつまりこういう心にこういう結果《けっか》がくるのであるという事《こと》を信ずることによって初《はじ》めて我々《われわれ》は本当《ほんとう》に正しい生《い》き方《かた》が出来《でき》るので、過去現在未来《かこげんざいみらい》を通《つう》じて作用《はたら》く因果《いんが》の法則を知らず、現世《げんぜ》さえ好《す》き候《そうろう》に生《い》きたら後《あと》はどうでもいいのだというのじゃ本当の宗教的生活《しゅうきょうてきせいかつ》が出来ない——。

来世　死後の世界

三世　仏教語。前世、現世、来世または過去、現在、未来

因果の法則　原因結果の法則。よい行いにはよい結果が、悪い行いには悪い結果が生ずること

「三界は唯心の…」　仏教語。一切衆生が輪廻する欲界・色界・無色界の三つの世界の全ての事象は心の現れであるということ

井上《いのうえ》――それはどうしても出来《でき》ないです。

谷口《たにぐち》――しかし、三世《さんぜ》を貫《つらぬ》く因果《いんが》の法則《ほうそく》があるといっても、議論《ぎろん》だけで近代人《きんだいじん》に、そんな宗教信念《しゅうきょうしんねん》をもたすことは出来ない。それには、やはり心の変化《へんか》によって、如何《いか》に肉体《にくたい》の病気《びょうき》や、境遇《きょうぐう》や、環境《かんきょう》がよくなるかという実証《じっしょう》を示す威力《いりょく》がなければならない。生長《せいちょう》の家《いえ》では病気が治《なお》るのは病気そのものを治《なお》すためではない。「三界《さんがい》は唯心《ゆいしん》の所現《しょげん》である」という宗教的真理《しゅうきょうてきしんり》を知らしめて、生活《せいかつ》を正しいものに具体的《ぐたいてき》に導《みちび》いて行《ゆ》く為《ため》なのです。……これで宗教情操《しゅうきょうじょうそう》の「縦《たて》の真理《しんり》」と「横《よこ》の真理」とがちょうど揃《そろ》うわけですねえ。それではこれで閉会《へいかい》に致《いた》したいと思います。

第十三章　生命《せいめい》の教育《きょういく》の成果《せいか》を語る

頭注版㉖一五七頁

出席者――藤井統次（大阪府立生野中学校教諭）、多賀義雄（大阪市立東商業学校教諭）、鶴我盛隆（大阪市立高等西華女学校教諭）、大窪義行（大阪精華実践女学校教諭）、荻内重二（大阪市桜川小学校長）、近藤昇（尼崎中学校教諭）、宮脇章江（尼崎実修学校女学部）、奥野庄吉（尼崎中学校主任書記）、山村楢治郎（奈良県立奈良中学校教諭）、吉田角太郎（奈良県立盲啞学校長）、村山榮太（神戸市入江小学校訓導）、安川虎夫（神戸市神戸小学校訓導）、大畑覚雄（神戸第三神港商業学校教諭）、石川貞子（白鳩会京都支部長）、田中雪乃（同志社高等女学校講師）、上野いと子（同志社高等女学校講師）、寺田繁三（光明思想普及会浜寺支部）

本部員《ほんぶいん》――今晩《こんばん》は御多用《ごたよう》の中《なか》を、多数《たすう》の先生方及《せんせいがたおよ》び御父兄方《ごふけいがた》のお集《あつま》りを願《ねが》いまして、誠《まこと》に有難《ありがと》う存《ぞん》じます。実《じつ》はこちらは谷口先生《たにぐちせんせい》の発祥地《はっしょうち》でございまして、先生《せんせい》のみ教《おしえ》、及《およ》び、教育施設《きょういくしせつ》の総《すべ》てに亙《わた》りまして、全国《ぜんこく》に最《もっと》も群《ぐん》を抜《ぬ》いた地方《ちほう》であるということは申《もう》す迄《まで》もございませぬ。そうした方々《かたがた》の御体《ごたい》験《けん》を伺《うかが》いたいと、かねてから思っておりましたのでございますが、実《じつ》は機会《きかい》に恵《めぐ》まれませぬで、今日《こんにち》やっと希望《きぼう》を達《たっ》する事《こと》が出来《でき》るようになりまして、

訓導　旧制の小学校の正規の教員。現在の教諭にあたる

谷口先生の発祥地　著者が生長の家の教えを初めて伝えた地。現在の兵庫県神戸市

有難《ありがた》い事《こと》と存《ぞん》じます。それと谷口先生《たにぐちせんせい》の東京《とうきょう》に御移転《ごいてん》を願《ねが》うようになりましたその志望者《しぼうしゃ》の一人《ひとり》としまして、私共《わたしども》も出来《でき》るだけこちらの教育関係《きょういくかんけい》の方々《かたがた》の御体験《ごたいけん》を承《うけたまわ》りまして、そうして関西《かんさい》に於《お》ける生命《せいめい》の教育《きょういく》というものの本当《ほんとう》の発展《はってん》を、是非《ぜひ》お願《ねが》い申上《もうしあ》げなければならないという事を、始終《しじゅう》心に持っておりましたのでございます。今度《こんど》、谷口先生の御指図《おさしず》で今晩教育座《こんばんきょういくざ》談会《だんかい》を開《ひら》く事になりましたのは、誠《まこと》に何《なに》よりも大きな欣《よろこ》びでございます。それで今夕《こんせき》は私からお伺《うかが》いします。汽車《きしゃ》の中《なか》で考えた事でございますが、先月《せんげつ》の東京座談会《とうきょうざだんかい》では、全部父兄《ぜんぶふけい》の方《かた》でございましたが、今晩のお集《あつま》りの方《かた》は大体教育者《だいたいきょういくしゃ》の方《かた》でありまして、そこに自《おのず》から見方《みかた》の違《ちが》った点《てん》がたくさんある事と思います。従《したが》って今日《こんにち》の話は、教育者としての側《がわ》から、生命《せいめい》の教育について、実際《じっさい》の御体験のお話をして頂《いただ》き、御父兄《ごふけい》の方々《かたがた》に、それに対《たい》して御《ご》所感《しょかん》を述《の》べて頂くようにお願《ねが》いしたいと思っております。

先《ま》ず優良児《ゆうりょうじ》という事でございますが、これは教育学的《きょういくがくてき》に考えますと、いろいろ意義《いぎ》がある事《こと》と思いますが、今《いま》の「生長《せいちょう》の家《いえ》」で使っておりますのは、そういう学問的《がくもんてき》の意味《いみ》ではございませんで、常識《じょうしき》で考えました優良《ゆうりょう》児《じ》、特《とく》に学習能力《がくしゅうのうりょく》が段々進歩《だんだんしんぽ》して来《き》たといったような意味の者《もの》も兼《かね》て優良児の範疇《はんちゅう》の中《うち》に入《い》れるようにして考えたいと存《ぞん》じます。そうして又一方先《またいっぽうせん》生方《せいがた》が学級又《がっきゅうまた》は学校《がっこう》を御経営《ごけいえい》なさる上《うえ》に、個人《こじん》個人の優良児をどうしてお作りになるかという事だけでなくして、総《すべ》ての生徒《せいと》を優良児にする為《ため》に烽火《のろし》を挙《あ》げた「生長《せいちょう》の家《いえ》」の立場《たちば》からお考え下《くだ》さいまして、広い意味に於《おい》て御《ご》発表《はっぴょう》をお願《ねが》いしたいと存《ぞん》じます。どうかこれから諸先生《しょせんせい》のお話を伺《うかが》いたいと思います。よろしくお願い申上《もうしあ》げます。……どうぞどなたからでもよろしゅうございますからお話《はなし》して下《くだ》さいませ。

生命《せいめい》の教育《きょういく》は知育《ちいく》、徳育《とくいく》、体育《たいいく》の一元化《いちげんか》を図《はか》る

範疇　同じ性質のものが属する領域。カテゴリー

烽火を挙げる　大きな動きのきっかけとなる行動を起こすこと。烽火は、戦時に合図や警報のためにあげる煙

頭注版㉖一五九頁

知育　知識の習得によって知能を高めることを図る教育

徳育　道徳心を高め、情操豊かな人間性を養うための教育

体育　身体の健全な発達を促し、運動能力や健康な生活を営む態度などを養う教育

大畑《おおはた》──私の話します事《こと》は、体験《たいけん》という事になりますか、或《あるい》は感想《かんそう》という事になりますか、どうかはっきり分《わか》りませぬが、今迄《いままで》体験したところ、感《かん》じたところを、お話してみようと思います。私の勤《つと》めておりますのは、商業学《しょうぎょうがっ》校《こう》でありまして、昨晩《さくばん》も同じような話をした事でございますが、どうも学校《がっこう》の生徒《せいと》が、入学《にゅうがく》した後《あと》から、卒業《そつぎょう》する迄《まで》の様子《ようす》を見てみますると、入学当《にゅうがくとう》座《ざ》は、非常《ひじょう》に無邪気《むじゃき》な、いわゆる幼《おさ》な心《ごころ》というものが、多分《たぶん》に見受《みう》けられて、頼《たの》もしいというような感じがあるのでありますが、段々上級《だんだんじょうきゅう》になるに従《したが》って、悪戯《いたずら》をやる。その悪戯《いたずら》も上級に行《ゆ》くに従って、悪くなるというような生徒を相当《そうとう》に見受《みう》けるのであります。勿論《もちろん》非常に良《よ》くなって、卒業する子《こ》供《ども》もありますけれども、それよりも悪くなる子供の方《ほう》が目立《めだ》つように思われるのであります。その欠陥《けっかん》は学校教育《がっこうきょういく》ばかりにあるのではないという事は勿論《もちろん》の事でありますが、むしろ学校教育というよりも、家庭教育《かていきょういく》に大きな欠陥があるのではないか、と私は考えるのであります。結局《けっきょく》学校のやって

当座　さしあたり。当分の間

いる事《こと》を見ますと、徳育《とくいく》、知育《ちいく》、体育《たいいく》というふうに分《わか》れておりまして、その間《かん》は相互《そうご》の連絡《れんらく》は勿論《もちろん》ありましょうし、中心点《ちゅうしんてん》もありましょうと思いますけれども、何《な》んとなく離《はな》れ離《ばな》れのような感《かん》じがしまして、学問《がくもん》は良《よ》く出来《でき》るけれども、身体《からだ》が弱いとか、身体《からだ》は達者《たっしゃ》であるが、操行《そうこう》が工合《ぐあい》が悪いというような円満《えんまん》な発育《はついく》を欠《か》いている点《てん》が大変目立《たいへんめだ》っているように思うのでありま す。こういう点を「生長《せいちょう》の家《いえ》」の教育《きょういく》の方法《ほうほう》に従《したが》って、やって行《ゆ》くなれば、非常《ひじょう》にその欠陥《けっかん》を補《おぎな》い得《う》る事と思います。それは、人《ひと》は「神の子」という中心《ちゅうしん》をおいて、それが知育であり、徳育でもあり、又同時《またどうじ》に体育でもあるというふうになって来《き》まして、チャンと真中《まんなか》に統一《とういつ》された中心点がありまして、それが同時に三《みっ》つの方面《ほうめん》に働《はたら》いているという事は、こういうわけでありますから、三つの方面が、円満に発達《はったつ》して行《ゆ》くというふうに考えられるのであります。

達者　健康で丈夫なこと
操行　日頃の行い。素行。品行

自信《じしん》を与え、至難《しなん》な学科《がっか》という観念《かんねん》の一掃《いっそう》

大畑《おおはた》――私の取扱《とりあつか》いました生徒《せいと》の実例《じつれい》を二、三申上《もうしあ》げますと、三年生《ねんせい》の或《あ》る生徒の顔附《かおつき》などを見ますと、相当頭《そうとうあたま》の良《よ》さそうな子供《こども》でありますが、私の受持《うけもち》の学科《がっか》は、昨年《さくねん》四月《がつ》以来《いらい》一学期《がっき》の成績《せいせき》が、思わしくない。それで二学期の初《はじ》めに、その生徒に「君《きみ》は頭が大変良《たいへんよ》いという事《こと》はよく分《わか》っている。君自《きみじ》身《しん》もそれをよく承知《しょうち》している事と思う。それに不良《ふりょう》の成績を採《と》るという事は不思議《ふしぎ》である。むしろ奇蹟《きせき》であるといってもよろしい位《ぐらい》に思っている。これから一《ひと》つ必《かなら》ず良《よ》い成績を採《と》るように、自分《じぶん》から進んでやって御覧《ごらん》なさい」といったのであります。僅《わず》か三十秒《びょう》か一分間《ぷんかん》の言葉でありますが、その子供《こども》はそれ以来《いらい》成績が上《あが》って来《き》まして、二学期、三学期いずれも、確《たし》か甲《こう》になっておったと思います。これと同様《どうよう》の経過《けいか》をとった子供が、三年生の中《うち》に外《ほか》に

頭注版㉖一六〇頁

至難　きわめて難しいこと

甲　成績評価で一番よい成績

二人《ふたり》ばかりおります。結局《けっきょく》、自分《じぶん》が頭《あたま》が良《よ》いという事《こと》を知らせる事が、教《きょう》育《いく》の正しい道《みち》ではないかとこう思われます。

それからもう一《ひと》つ私の感《かん》じました事は、入学《にゅうがく》した当時《とうじ》に、或《あ》る学科《がっか》はやさしいけれども、或《あ》る学科は大変難《たいへんむつ》かしい感じを持つのでありますが、その難《むつ》かしいという感じを持つ学科は、いつでも不良《ふりょう》なる成績でいるという傾向《けいこう》が随分《ずいぶん》あるように思われますので、この難《むつ》かしい学科であると感ずる事は、一《ひと》つの障礙《しょうがい》だと思いますので、どの学科にしろ、やさし過《す》ぎるという信念《しんねん》を彼等《かれら》に与えるという事が、大変必要《たいへんひつよう》であるという事を特《とく》に感じております。甚《はなは》だ纏《まと》まりのない話でしたが、簡単《かんたん》に申上《もうしあ》げました次第《しだい》であります。

小学生《しょうがくせい》と中学生《ちゅうがくせい》との取扱上《とりあつかいじょう》の相異点《そういてん》

藤井《ふじい》——私は中学校《ちゅうがっこう》に勤《つと》めている者《もの》であります。小学校《しょうがっこう》の児童《じどう》を教育《きょういく》しま

頭注版㉖一六二頁

す事《こと》と、中学校《ちゅうがっこう》の生徒《せいと》を教育《きょういく》します事とは、大分勝手《だいぶかって》が違《ちが》うのでありまして、御承知《ごしょうち》の通《とお》り、小学校《しょうがっこう》の児童《じどう》は、大変単純《たいへんたんじゅん》でありまして、先生《せんせい》と、児童との関係《かんけい》も、中学《ちゅうがく》の生徒に比較《ひかく》しまして、余程密接《よほどみっせつ》でありますから、教師《きょうし》の一言一句《いちげんいっく》は直《ただ》ちに児童に響《ひび》きまして、そういう点《てん》から考えますると、「生《せい》長《ちょう》の家《いえ》」の教育法《きょういくほう》を実施《じっし》しまするについても、大変やり易《やす》い立場《たちば》にあるのでございますが、何分《なにぶん》中学の生徒は、段々上級《だんだんじょうきゅう》に進みまするについて、自《じ》分《ぶん》の判断力《はんだんりょく》と申《もう》しますか、自己《じこ》の考えというものが、漸次《ぜんじ》進んで参《まい》りまして、それに自分の交《まじわ》る友達《ともだち》の感化《かんか》とか、又《また》思春期《ししゅんき》に這入《はい》る頃《ころ》でありますから、そういう事が直接間接《ちょくせつかんせつ》に影響《えいきょう》しまして、教師側《きょうしがわ》から導《みちび》く事が、その通《とお》りに行《おこな》われ難《にく》いのであります。小学校の生徒でありますと、先生が、「こういうふうにせよ」と申しますと、単純でありますから、その通《とお》りに児童は直《ただ》ちに行《おこな》う事が出来《でき》ますが——お前《まえ》は神の子である、本来《ほんらい》はよく出来るのであると児童に申しますと、直《す》ぐその気になりまして、昨日迄《きのうまで》の劣等児《れっとうじ》が今日《きょう》は

漸次　だんだん。しだいに

思春期　児童期から成人期へと移行する時期

優良児《ゆうりょうじ》になるというように、急速《きゅうそく》に見違《みちが》えるような良《よ》い成績《せいせき》を挙《あ》げ得《え》られる事《こと》も見られるのでありますが、中等学校《ちゅうとうがっこう》ではなかなかそうはいかないのであります。先程《さきほど》もお話になりました例《れい》から考えましても、教場《きょうじょう》で全級《ぜんきゅう》の生徒《せいと》にそういう教育法《きょういくほう》を施《ほどこ》して、成績に好結果《こうけっか》を及《およぼ》す事が出来《でき》るかどうかということも、疑問《ぎもん》であります。昨年《さくねん》の十月頃《がつごろ》の事でありますが、ちょうど私の学校《がっこう》で二学期《がっき》の中間試験《ちゅうかんしけん》の直後《ちょくご》、成績の非常《ひじょう》に悪い者《もの》が十数名《すうめい》ありまして、それを放課後《ほうかご》、教場に集めまして、一時間半程《じかんはんほど》、とっくりと私から座《ざ》談的《だんてき》に話をした事があります。これ迄《まで》でありますなら、悪い成績の者には、「もっと良《よ》い成績を採《と》るように勉強《べんきょう》しろ」とか「これではいけないからもっと勉強しろ」というような注意《ちゅうい》の仕方《しかた》でありましたが、「生長《せいちょう》の家《いえ》」の教育法を考えましてから「君達《きみたち》は本来《ほんらい》、出来る力《ちから》を持っているのである。君達自《じ》分《ぶん》の力は、ちょうど井戸《いど》から湧《わ》き出《で》る泉《いずみ》のようなもので、使えば使う程《ほど》、滾々《こんこん》と湧き出るものである」という事をいい聴《き》かせまして、その結果《けっか》を楽し

滾々と　水がさかんに流れて尽きることがないさま

みに待ったのでありますが、その中《うち》の三名《めい》は、やや成績《せいせき》が向上《こうじょう》しまして喜《よろこ》んでいるのでありますが、どうも全般《ぜんぱん》に、その他《た》の生徒《せいと》は相変《あいかわ》らずの成績でありますので、やはり家《うち》に帰りまして、その家庭《かてい》が子供《こども》に対《たい》する注意《ちゅうい》が行《ゆ》き届《とど》かない、或《あるい》は又《また》悪い友達《ともだち》とかその他《た》の方《ほう》で、注意が妨《さまた》げられているのではないかとも思われるのでありまして良《よ》い成績が得《え》られないのであります。

個人指導《こじんしどう》の徹底《てってい》

藤井《ふじい》――これ等《ら》を考えまして、やはり中等学校《ちゅうとうがっこう》では、教場《きょうじょう》で全部《ぜんぶ》の生徒に、こういう思想《しそう》を伝播《でんぱ》するよりも、やはり個々《ここ》の生徒に、個人《こじん》個人の生徒に、その性行《せいこう》、家庭の情況《じょうきょう》、その生徒の友達関係《ともだちかんけい》というようなものを仔細《しさい》に調べまして、個人個人の生徒に注意を促《うなが》しまして、やはり懇談的《こんだんてき》に「お前《まえ》は神の子である」という事《こと》を子供に自覚《じかく》するような仕方《しかた》が有効《ゆうこう》かと存《ぞん》じま

頭注版㉖一六四頁

伝播 伝わりひろまること
性行 人の性質と普段のおこない
仔細に 細かく。詳しく
懇談的 うちとけて親しくじっくりと話すさま

す。雑誌《ざっし》『生命《せいめい》の教育《きょういく》』三月号《がつごう》に、或《あ》る先生《せんせい》の方《かた》が、生徒《せいと》に「好きになって、良《よ》く出来《でき》るようになった科目《かもく》があるであろう。その動機《どうき》、或《あるい》はその理由《ゆう》」ということでお調べになったところが、その答《こたえ》に、「容易《やさし》いものからやって、出来るようになったからその科目が好《す》きになった」とそういうような事《こと》が書いてありましたが、私もそれに倣《なら》いまして、数日前《すうじつぜん》に、自分《じぶん》の受持《うけも》ちの教場《きょうじょう》で、「好きになった科目のその動機原因《げんいん》、嫌《きら》いになった科目の動機原因」を調べました結果《けっか》、「その学科《がっか》の嫌いになった科目の動機原因」という中《うち》に「どうも先生の教場に於《お》ける授業《じゅぎょう》の中《なか》で、不公平《ふこうへい》に亙《わた》る点《てん》があります。例《たと》えば、出来ない生徒に当《あ》てないで、出来る生徒にばかり当てる。だから自分《じぶん》は、その日《ひ》に調べて来《き》たが、当てられない。それで調べるのが全然嫌《ぜんぜんいや》になってやらない」とこんなような理由が割合《わりあい》に多くありましたので、やはり教師《きょうし》の立場《たちば》としまして、個々の生徒に対する注意という事を念頭に置きまして自由に書かす必要があると思います。普通《ふつう》の教師の立場としますと、自分の腹案《ふくあん》通《どお》りに最初《さいしょ》に授業《じゅぎょう》をしまして、出来《でき》る生徒《せいと》、出来ない生徒というようになれば、結果《けっか》を見ますると、出来ない生徒には、放課後補習《ほうかごほしゅう》というような事《こと》を設《もう》けまして、多少学力《たしょうがくりょく》の向上《こうじょう》に補《おぎな》いを附《つ》けるのでありますが、その位《くらい》の事で、この生徒をこういうふうに、導《みちび》いて行《い》ったならばというその細《こま》かい注意《ちゅうい》が足《た》らないのではないかと思われます。どうも取《と》り止《と》めのない連絡《れんらく》のない事を申《もう》しまして……

真《しん》に生徒を尊敬《そんけい》する

多賀《たが》――只今《ただいま》お話を承《うけたまわ》りまして、成程《なるほど》、個人《こじん》個人を見てやるという事は、最《さい》良《りょう》の方法《ほうほう》に違《ちが》いないと思いますが、しかし折角教育《せっかくきょういく》をするのでありますから、全体《ぜんたい》に皆《みな》、例《たと》えば出来る生徒と出来ない生徒にも依《よ》りますが、例《たと》えば多《た》少《しょう》でも、この、精神《せいしん》を吹込《ふきこ》んでやるというふうに、一般的《いっぱんてき》の教育が行《おこな》われた

腹案　あらかじめ心の中で考えておく案

頭注版㉖一六五頁

いものであると思っておりますが、実《じつ》は「生長《せいちょう》の家《いえ》」に入《い》れて頂《いただ》きましてからまだ間《ま》もありませぬが、自分《じぶん》としてずっと以前《いぜん》からその方針《ほうしん》でやって来《き》ました事《こと》が、期《き》せずして「生長の家」の教育精神《きょういくせいしん》に合《あ》うように思いますので、その点《てん》で今迄《いままで》の体験《たいけん》を申上《もうしあ》げたいと思います。

やはり教師《きょうし》の実行《じっこう》というものが本《もと》にならなければ教育《きょういく》が出来《でき》ないものでありまして、先《ま》ず子供《こども》を尊重《そんちょう》するのですねえ。どうしても子供を貶《けな》すというような言葉がちょっとでもあったならば、子供には皆感受性《みなかんじゅせい》がございますから、どんな生徒でも、どんなに平気《へいき》に先生《せんせい》がいわれても、自分《じぶん》として、どっか良《よ》いところがあるに違《ちが》いないという信念《しんねん》というものを持っているのが毀《こわ》されることになる。それで子供は全部皆《ぜんぶみな》自分の子供である。否《いな》自分の御宝《おたから》であるというふうに尊重してかからねばならぬ。尤《もっと》もこれは学科《がっか》に依《よ》って、そういう事を申《もう》し難《にく》い事があると存《ぞん》じますが、私共《わたしども》修身《しゅうしん》とか、公民《こうみん》を教《おし》えます際《さい》に、とにかく、各自《かくじ》は非常《ひじょう》に尊《とうと》いものである。——初《はじめ》から神の子なんか

期せずして　思いがけず。偶然に

いうとちょっと受《う》け容《い》れませぬから、大体今《だいたいいま》まで経験《けいけん》しましたのですが、私は商 業学校《しょうぎょうがっこう》で四年生《ねんせい》にそういう精神《せいしん》を生《う》み附《つ》けているのですが、三年迄《ねんまで》はそういう話が出来《でき》ませぬから、四年の修身《しゅうしん》の時《とき》に何《な》んとかして、自信《じしん》を持たしめて、自分《じぶん》は尊《とうと》い人間《にんげん》である。自分は非常《ひじょう》に責任《せきにん》が重《おも》いというその精神をうみ附《つ》けるようにして、そうして段々《だんだん》話をして来《き》まして、終《おわ》りに「君等《きみら》は仏教《ぶっきょう》の方《ほう》からいえば仏性《ぶっしょう》がある、君等《きみら》は仏《ほとけ》になる卵《たまご》である。又神道《またしんとう》からいえば神になる卵である。君等《きみら》は仏《ほとけ》と同じであり、神と同じである。であるから、私は君等《きみら》を尊重《そんちょう》するのである」というと大《たい》ていシーンとして聴《き》きます。

宗教的臭味《しゅうきょうてきしゅうみ》をもたせぬ事《こと》

多賀《たが》――そうしてあまり神とか仏《ほとけ》とかいっているとどうもいろいろ神仏《しんぶつ》くさくなるといけませぬから、公民《こうみん》の時間《じかん》に、縦《たて》の関係《かんけい》から君等《きみら》を見れば、先祖《せんぞ》

頭注版㉖一六七頁
臭味 しみついている感じ。特有の傾向

代々《だいだい》の精神《せいしん》とか、霊《れい》というものを君達《きみたち》が表現《ひょうげん》しているのである。そうして段々《だんだん》受《う》け継《つ》いで来《き》ているものを、今後一層《こんごいっそう》良《よ》いものにして、子供《こども》に伝える。君等《きみら》はその中心《ちゅうしん》になっているのである。又横《またよこ》の関係《かんけい》では、総《すべ》ての人《ひと》のおかげでこういうふうに教育《きょういく》が受けられるのである。いわゆる仏教《ぶっきょう》の方《ほう》からいえば衆生《しゅじょう》の恩《おん》である。親《おや》の恩は申《もう》す迄《まで》もなく、兄弟姉妹《きょうだいしまい》から総《すべ》て各団体《かくだんたい》の一員《いん》であるという関係から、又《また》お互《たがい》にそうして自分《じぶん》というものが、中心になっている。そういうような地位《ちい》から考えてみまして、自分が如何《いか》に責任《せきにん》があり、如何《いか》に自分は貴《とうと》い地位にあるかという事《こと》を自覚《じかく》しなければならぬというふうにそれを高めて行《ゆ》きまして、「いわゆる君等自身《きみたちじしん》は神の子であり、仏《ほとけ》である。やろうと思えば何《な》んでも出来《でき》る。今迄《いままで》出来ないと思っておったのは皆《みな》間違《まちがい》である。やろうという精神《せいしん》なれば、やってみると必《かなら》ず出来る。四年《ねん》の初《はじ》めから一新《いっしん》した人間《にんげん》になれる。今迄《いままで》の事は何《な》んにも咎《とが》めない、今迄《いままで》出来ても出来なくても問題《もんだい》ではない。これから良《よ》くなる」というふうにいってやりますと、各々《おのおの》生徒《せいと》に依《よ》っては感《かん》じも違《ちが》いましょうが、全然《ぜんぜん》一般的《いっぱんてき》に聴《き》き入《い》れてもくれますし、又《また》人物《じんぶつ》そのものが、一新《いっしん》した者《もの》をよく見受《みう》けた経験《けいけん》を持っております。「生長《せいちょう》の家《いえ》」とか何《な》んとかいう事《こと》をあまりはっきりさせて申《もう》しますと、嫌気《いやけ》が差《さ》します。又《また》あまり仏教臭《ぶっきょうくさ》い事をいったならば、聴《き》きませぬから、他《ほか》の方《ほう》から持って行《ゆ》くと、その精神《せいしん》を吹込《ふきこ》める事になると思います。

「生長の家」の原理《げんり》に基《もとづ》く教育法《きょういくほう》

大窪《おおくぼ》――男の中等学校《ちゅうとうがっこう》はとにかく、私は女学校《じょがっこう》に勤《つと》めておりますが、それが些《いささ》か自他一体《じたいったい》に成《な》り得《う》るものと思うのでありますが、それには、団体的《だんたいてき》と、個人的《こじんてき》といろいろ違《ちが》った経験もございますが、この間《あいだ》中央公会堂《ちゅうおうこうかいどう》でお話したのでありますが、私は一年《ねん》、二年、三年生《ねんせい》の英語《えいご》の講義《こうぎ》を二時間《じかん》持たされております。更《さら》に国語《こくご》の先生《せんせい》が一人《ひとり》しかおられませぬので、国語の講

頭注版㉖一六八頁

中央公会堂 大阪市北区中之島にある大阪市中央公会堂。大正七年竣工。平成十四年に保存・再生工事が完成し、国の重要文化財に指定された

義も二時間《じかん》持っております。そうして時々修養的《ときどきしゅうようてき》な話を聴《き》かすのでありま す。それには一度《ど》も「生長《せいちょう》の家《いえ》」の教《おしえ》という事《こと》をいわないで、話をしまして、「吾々《われわれ》は神の子である、と同時《どうじ》に阿弥陀様《あみださま》の子でありますから、限《かぎ》りない智慧《ちえ》を与えられているのです。その智慧《ちえ》はいくら汲《く》んでも尽《つ》きない井戸《いど》の水のような無限《むげん》の智慧《ちえ》を神様《かみさま》から与えられておりますから、必要《ひつよう》な時《とき》には下《くだ》さる。あなた方《がた》のお勉強《べんきょう》にも応用《おうよう》してみる事が出来《でき》る」とこういうように話をして、「生長の家」の教《おしえ》といわずに「生長の家」の教育法《きょういくほう》を施《ほどこ》したのであります。そうして一学期間《がっきかん》の考査学科成績《こうさがっかせいせき》を比較《ひかく》してみました。これを専《せん》攻科《こうか》について見ますると、(専攻科の生徒数《せいとすう》は高女卒業生《こうじょそつぎょうせい》で、初《はじ》めは多かったのですが、現在《げんざい》では大変少《たいへんすくな》くなって十四人《にん》しかおりませぬが)それが総《そう》平均点数《へいきんてんすう》で百八十五点進歩《てんしんぽ》した。一人当《ひとりあた》りの平均点《へいきんてん》十三点進歩しております。そういうふうで二学期《がっき》の平均点が九十五点となり、一学期には五十何点《なんてん》という成績《せいせき》の悪い子供《こども》がありましたが、それが皆《みな》九十一点以上《いじょう》採《と》ってしま

阿弥陀様　阿弥陀如来ともいう。浄土信仰の中心的仏であり、生きとし生ける者を救済するための本願を立て、長い間の修行の末に仏となった

考査　学校の試験

いました。百点《てん》の者《もの》が一人《ひとり》、九十七点の者が三人《にん》、平均《へいきん》九十五点でございました。これ迄成績《までせいせき》が上《あが》りまして、大変嬉《たいへんうれ》しく思いましたから、これから各学《かくがく》年《ねん》の生徒《せいと》にもこの教育方法《きょういくほうほう》を、施《ほどこ》そうと思っておったのであります。そうしてちょうど英語《えいご》だけは、先週《せんしゅう》で終《おわ》りましたが、答案《とうあん》を見たのは二年生《ねんせい》だけでありますが、これを最初《さいしょ》私はどんなふうにしてやったかと申《もう》しますと、先ず三分間瞑目せしめます。そうして生徒に「英語は好《す》きで良《よ》く出来《でき》る。英語は好きで良く出来る」といわしめる。私は神想観《しんそうかん》をする。そうして「神よ子供達《こどもたち》に智慧《ちえ》を働《はたら》かせ給《たま》え」と祈《いの》る。その時《とき》に教《おし》え子達《ごたち》の顔《かお》が阿弥陀様《あみださま》に見える時があります。私は「生長《せいちょう》の家《いえ》」に入《はい》りましてから、日《ひ》も浅《あさ》い未熟《みじゅく》な者《もの》でございますが、「生長の家」の教《おしえ》を知りましてから、今迄《いままで》気が短《みじ》かかったのが、大変《たいへん》長くなりまして、生徒に怒《おこ》る事《こと》も少《すく》なったのであります。それ迄《まで》はいつも呶鳴《どな》り附《つ》けました。時には女の子供《こども》ですからよく泣いたのでありますが、皆《みな》神の子、阿弥陀様《あみださま》の子と見えるようになりました。「生長の家」の教育法《きょういくほう》はコメニウスの学説《がくせつ》と同じような気がする。コメニウスは「人《ひと》は神の子である。神の御意志《ごいし》の下《もと》に造《つく》られたのであるから全智《ぜんち》がある。その全智《ぜんち》を抽《ひ》き出《だ》すのが教育《きょういく》である。全智《ぜんち》を抽出《ひきだ》せば、無限《むげん》の智慧《ちえ》が働《はたら》く」という。これは全《まった》く「生長《せいちょう》の家《いえ》」の教育法と一致《いっち》するのであります。

驚歎《きょうたん》すべき成績《せいせき》の向上《こうじょう》

大窪《おおくぼ》――それで二年生《ねんせい》のA組《ぐみ》、B組、C組について、成績がどういうふうに上《あが》ったか、これを数字的《すうじてき》に申上《もうしあ》げますと、二年生A組は三十五人《にん》について計算《けいさん》したのでありますが、二学期《がっき》に試験《しけん》を受けておらない子供《こども》がたくさんありますし、また今度《こんど》の三学期の試験を受けておらない子供もありますので、三十五人について計算しましたところ、総点数《そうてんすう》に於《おい》て一千五十点進歩《てんしんぽ》した。平均点《へいきんてん》で三十点進歩したのであります。そうして九十点以上《いじょう》の者《もの》は、二学期

コメニウス Johann Amos Comenius 一五九二～一六七〇年。チェコの教育思想家、神学者。子供の成長に応じた教授法を考察し、近代教育学の父と呼ばれる。著書に『大教授学』、世界初の絵入り教科書『世界図絵』等がある

頭注版㉖一七〇頁

には二人《ふたり》でありましたのが、三学期《がっき》には十七人《にん》になりました。百点《てん》の者《もの》は二学期には一人《ひとり》もなかったのが、三学期には二人《ふたり》ありました。

又《また》B組《ぐみ》は、試験《しけん》を受けておらない子供《こども》を除《のぞ》きまして、三十二人について計《けい》算《さん》しましたところが、総点《そうてん》で八百九十点進歩《しんぽ》しております。平均点《へいきんてん》で二十七点《てん》九分《ぶ》の進歩をしております。そうして九十点以上について申《もう》しますると、二学期には十人ありましたが、三学期には二十四人になっております。百点の者は二学期には二人《ふたり》でありましたのが、三学期には三倍《ばい》の六人になっております。

次《つぎ》に同様《どうよう》にC組の生徒《せいと》三十八人について計算しましたが、総点で九百八十五点進歩しております。平均点で二十五点九分《ぶ》の進歩であります。九十点以上の者は二学期には十人でありましたが、三学期には二倍の二十人になっております。百点の者は二学期に一人《ひとり》でありましたが、三学期には八人ありました。

九分　ここでは○・九点

こういうふうに二年《ねん》の各組《かくくみ》は非常《ひじょう》なる進歩《しんぽ》を遂《と》げております。一年生《ねんせい》の試《し》験《けん》はおわったのでありますが、まだ採点《さいてん》は終《おわ》っておらないのであります。それで採点を非常に楽しみにしております。私の学校《がっこう》は女子職業学校《じょししょくぎょうがっこう》でありまして英語《えいご》は一週間《しゅうかん》二時間《じかん》しかありませぬ。で勉強《べんきょう》は喧《やか》ましくいわない傾《けい》向《こう》がありますが、その英語の成績《せいせき》がこういうふうに非常に進歩向上《こうじょう》しているのであります。

本部員《ほんぶいん》――生徒《せいと》の驚《おどろ》くべき生命《せいめい》の躍進《やくしん》が出来《でき》たわけでありますねえ。

大窪《おおくぼ》――「智慧《ちえ》の泉《いずみ》の蓋《ふた》を取ると、適当《てきとう》な時《とき》に、良《よ》い智慧《ちえ》が湧《わ》き出《で》ますから」というような事《こと》を申《もう》しましたのであります。

「生長《せいちょう》の家《いえ》」を知ってニコニコ主義《しゅぎ》

村山《むらやま》――只今《ただいま》のお話を承《うけたまわ》りまして、非常に卓抜《たくばつ》な成績を収《おさ》めていらっしゃ

頭注版㉖一七二頁

卓抜　他にぬきんでてすぐれていること

るのですが、結局《けっきょく》私が考えてみまするのに、先生《せんせい》も告白《こくはく》せられましたように、前《まえ》には大変怒《たいへんおこ》ったけれども、「生長《せいちょう》の家《いえ》」に入《はい》ってから、少《すこ》しもその気《き》持《もち》が起《お》きない。私もこういう経験《けいけん》をしているのでございますが、それを申《もう》しますと、私が師範《しはん》に入《はい》っております時《とき》に、音楽《おんがく》の練習《れんしゅう》が非常《ひじょう》に厳《きび》しかった。その先生が何《な》んと申しますか、非常にヒステリーの先生で、鍵盤《キイ》一《ひと》つ違《ちが》ったなれば、「止《や》めておけ！」といって怒《おこ》られる。そういう教育《きょういく》を受けた結《けっ》果《か》でしょうが、ピアノのピの字もいいたくなかった。（笑声《しょうせい》）他《ほか》の成績《せいせき》は相《そう》当収《とうおさ》めているにもかかわらず、ピアノの方《ほう》は本当《ほんとう》にピーでありました。（笑《しょう》声《せい》）それで私は音楽は果《はた》して天分《てんぶん》がないのであろうか、——大きな事《こと》をいいますけれども、それで、私の子供《こども》に遺伝《いでん》というものが無《な》いであろうかといいますと、私の子供は音楽は非常に得意《とくい》であります。今中学《いまちゅうがく》に入《はい》っておりますのと、小学校《しょうがっこう》に二人《ふたり》おりますが、音楽だけが点《てん》が良《よ》い。そうしてみると、先生に叱《しか》られて、その為《ため》に私の持っているところの伸《の》びる力《ちから》とでも申《もう》し

師範　師範学校。小学校・国民学校の教員を養成した旧制の学校

ヒステリー　神経症の一つ。精神的な抑圧や葛藤や鬱屈が身体症状や精神症状となって現れ、感情を統御できずに発作的に激しい興奮状態を呈する

ましょうか、それが今《いま》のお話のように蓋《ふた》されたのではないか、そんなことを考えまして、今のお話を承《うけたまわ》っておりましたが、先生《せんせい》が和《なご》やかな気持《きもち》になって、神の子を教《おし》えるという気持《きもち》になられると、その子供《こども》の持っている持前《もちまえ》というものは、引《ひ》き伸《の》ばされて行《ゆ》きまして、その子供達《こどもたち》の幸福《こうふく》を思いまして、自分《じぶん》が今迄《いままで》ピアノの辛《つら》い経験《けいけん》を持っておりますので、なおさら、嬉《うれ》しく拝《はい》聴《ちょう》しましたが、私は幸《さいわ》いに只今尋常《ただいまじんじょう》一年生《ねんせい》を受持《うけも》っておりますが、そうして毎日《まいにち》楽しく暮《くら》させて頂《いただ》いております。そこで、お子達《こたち》だけには、怒《いか》りの言葉を使わないという念願《ねんがん》をしております。私の体験《たいけん》からそれに力《ちから》を注《そそ》いでいるのであります。私の教室《きょうしつ》を御覧《ごらん》になればお分《わか》りになりますが、外《ほか》の先生は「私の怒《おこ》るのはいつか」といわれるのですが、「私の怒《おこ》る事《こと》は永久《えいきゅう》にないでしょう」と広言《こうげん》しておりますが、本当《ほんとう》に私の心が、子供に映《うつ》ると申《もう》しますか、子供達は皆和《みなな》やかでニコニコをモットーとして、教室の正面《しょうめん》にニコニコと書いて貼《は》っておりますが、子供もやはり、尋常一年《ねん》としては和《なご》やかに

持前　生まれもった性質。天性

広言　大きなことを言うこと。大口をたたくこと

勉強《べんきょう》してくれますので、成績《せいせき》も割合《わりあい》に良《よ》いように思います。そうして、私の方《ほう》では一年生《ねんせい》が七組《くみ》ございますが、私はちょうど主任《しゅにん》をしております関係《かんけい》上《じょう》、一年生四百五十人《にん》ばかりおりますが、外《ほか》の先生方《せんせいがた》にも「どうぞこのニコニコ主義《しゅぎ》でやって下《くだ》さい、そうすれば必《かなら》ず成績が上《あが》るから」というような事《こと》を申《もう》して、やっておりますが、外《ほか》の皆《みな》さんも大変《たいへん》に共鳴《きょうめい》してくれまして、今《いま》の一年は大変良いなあという評判《ひょうばん》になっております。七人ががっちりニコニコ主義で手を組《く》んで進んでやっておりますので、校長《こうちょう》さんも共鳴して下《くだ》さいまして、「生長《せいちょう》の家式《いえしき》でやってくれ」といって、この間《あいだ》も結成式《けっせいしき》をやりまして、力《ちから》を注《そそ》いでやるからといって喜《よろこ》んでいるのであります。結局《けっきょく》このニコニコが校長先生《こうちょうせんせい》にも反映《はんえい》してか、今迄《いままで》むつかしい顔《かお》をしておられたのが、今ではニコニコになられています。子供《こども》の成績が上《あが》るとか何《な》んとかいうのも、結局先生《せんせい》がニコニコしておるからだと思います。寒い時分《じぶん》に教室《きょうしつ》でストーブを焚《た》いて温《あたた》めて和《なご》やかにしますると、算術《さんじゅつ》でも書方《かきかた》でも図画《ずが》でも

算術 旧制の小学校における教科名。算数

良《よ》い成績《せいせき》を挙《あ》げますが、寒い教室《きょうしつ》でストーブも焚《た》かないで子供《こども》をかじけさせておくと決《けっ》して良《よ》い成績は挙げられませぬ。それで先生《せんせい》も生徒《せいと》も和《なご》やかな気持《きもち》にするという事《こと》が必要《ひつよう》だと思います。

先生の一言《ごん》一生《いっしょう》を支配《しはい》す

村山《むらやま》――皆《みな》さんにも御経験《ごけいけん》がある事と思いますが、尋常《じんじょう》一年生《ねんせい》などでありますと、私達《わたしたち》を本当《ほんとう》に神様《かみさま》仏様《ほとけさま》と思って暮《く》らしております。或《あ》る子供によっては、一生を支配するような良《よ》いヒントを与えるかと思います。私は何故《なぜ》そんな事をいうかと申《もう》しますと、私は北国《ほっこく》の者《もの》でありまして、尋常一年《ねん》の時《とき》――雪が九尺《しゃく》も積《つ》るような時に「小川泰山先生《おがわたいざんせんせい》」という唱歌《しょうか》を習《なら》いました。雪が降《ふ》り積《つ》っている時にそれをも厭《いと》わずに遠《とお》い路《みち》を学校《がっこう》に通《かよ》ったということをその時の伊藤兼蔵先生《いとうけんぞうせんせい》が、非常《ひじょう》に感銘《かんめい》の言葉を以《もっ》て私の七歳《さい》の時にお

かじける　寒さで手足などがこごえて自由に動かなくなる。かじかむ

頭注版㉖一七四頁

九尺　約二七〇センチメートル。一尺は約三〇・三センチメートル

「小川泰山先生」　石原和三郎作詞、田村虎蔵作曲。小川泰山は、江戸時代中期の儒者。明和六～天明五年。十七歳で夭折し、日本最年少の儒者と称される。没後に『泰山遺説（経子考証）』が刊行された

唱歌　明治以降昭和十六年までの教科名。現在の音楽。また、そこで歌われた歌曲

教《おし》え下《くだ》さいました。それが今《いま》にこびりついて離《はな》れない、今日迄《こんにちまで》その先生《せんせい》の教《おし》えがこびり附《つ》いている。あの時《とき》の事《こと》を思い出すと少々《しょうしょう》工合《ぐあい》が悪くとも、学校《がっこう》を欠勤出来《けっきんでき》ない。自分《じぶん》の事を申上《もうしあ》げて恐《おそ》れ入《い》りますが、まだ学校を休んだ事はないのであります。今年《ことし》四十四歳《さい》になっておりますから、そこから七年《ねん》引けば何年《なんねん》という事が、分《わか》りますがいまだかつて学校を休んだ事はないのでありまず。それ程子供《ほどこども》に与えます印象《いんしょう》が深いのでありまして、私共《わたしども》は一言半句《げんはんく》でも疎《おろそ》かに出来ない事が分《わか》るのであります。良《よ》い言葉を子供に与えて行《ゆ》くと、人間《にんげん》を光明化《こうみょうか》し、日本全体《にっぽんぜんたい》を光明化するという事が出来ると思うと非常《ひじょう》に大事《だいじ》な事であります。

ピンポンが上手《じょうず》になって英語《えいご》も上達《じょうたつ》

大畑《おおはた》——只今《ただいま》お話のピアノの問題《もんだい》とちょうど反対《はんたい》のように思う事がありま

頭注版㉖一七五頁

ピンポン ping-pong 卓球

す。私は学校《がっこう》でピンポンの掛《かか》りをしておりますが、ピンポンの練習《れんしゅう》を始《はじ》めると、その生徒《せいと》は私の受持《うけも》っている英語《えいご》の成績《せいせき》が良《よ》くなっております。実《じつ》に面白《おもしろ》い現象《げんしょう》だと思っております。絶《た》えず良くなっております。別《べつ》にピンポンをやる時《とき》に英語を教《おし》えるわけではありませぬが、私が英語を受持《うけも》って、ピンポンの世話《せわ》をしているとピンポンをやる生徒が、英語の成績が良くなるというのは、それは親《した》しみを持って来て、そこにゆとりが出来《でき》るからでありまして、それは私のいう事《こと》がよく頭《あたま》に這入《はい》るからで、結局人格《けっきょくじんかく》と人格との接《せっ》触《しょく》という事が、第《だい》一に必要《ひつよう》な事ではないかと思う。

怒《おこ》らない教育法《きょういくほう》

寺田《てらだ》――私は父兄《ふけい》の立場《たちば》から申上《もうしあ》げたいと思います。私はずっと以前《いぜん》には、子供《こども》を育てますのに非常《ひじょう》に怒《おこ》りっぽかったのですが、子供を一《ひと》つも怒《おこ》らずに

頭注版㉖一七六頁

育てようと思いまして、非常《ひじょう》に怒《おこ》りっぽい私でありましたが少しも怒《おこ》らないで育てて来《き》たのであります。それから健康《けんこう》の方《ほう》も、乳児《にゅうじ》の十ヵ月《げつ》の時《とき》に胃腸《いちょう》を害《がい》しまして非常に弱くなった。それは弱い弱いという感《かん》じを与えたからそんなに弱くなったのでありますからそれから丈夫《じょうぶ》だ丈夫だという感じを与えて来《き》ました。それで非常に強くなって、尋常科《じんじょうか》の六年間《ねんかん》と中学《ちゅうがく》の五年間は至極達者《しごくたっしゃ》で一度《ど》も欠席《けっせき》したことがなく、只今高等学校《ただいまこうとうがっこう》の一年《ねん》になっておりますが、非常に丈夫である。この間《あいだ》の地震《じしん》の時《とき》にも配属将校《はいぞくしょうこう》の中佐《ちゅうさ》の人《ひと》が第《だい》一番《ばん》に逃《に》げ出《だ》し、外《ほか》の学生《がくせい》が驚《おどろ》いて、ピタッと俯向《うつむ》いてしまったのですが、私の子供《こども》は少《すこ》しも恐《おそ》れず動揺《どうよう》することもなく、その学生《がくせい》を、起《おこ》して廻《まわ》ったのであります。中学の三年のときでありますが、第《だい》一学期《がっき》に幾何《きか》の点数《てんすう》が六十点《てん》を採《と》った。しかし私は「お前《まえ》は幾何《きか》がいけない」とも何《なん》ともいわない。丸《まる》善《ぜん》へ行《い》って、幾何《きか》の参考書《さんこうしょ》を買って来《き》て黙《だま》って与えておいた。それから、二学期から卒業《そつぎょう》する迄幾何《まできか》は百点でありましたが、そういう行《ゆ》き方《かた》が大変効《たいへんこう》

高等学校　旧制高等学校。明治二十七年および大正七年に定められた高等学校令に基づいて設置された高等教育機関。現在の大学教養課程に相当する

配属将校　大正十四年公布の陸軍現役将校学校配属令により、軍事教練指導のために中等学校以上の学校に配置された旧日本陸軍の現役将校

中佐　軍隊の階級の一つ。大佐の下、少佐の上

幾何　数学で図形の本質を研究する分野

丸善　書店。明治二年創業。文具等も扱う。平成二十七年に「株式会社丸善ジュンク堂書店」となった

果《か》があると思います。先程藤井先生《さきほどふじいせんせい》のお話でしたが、出来《でき》るならば、父兄会《ふけいかい》を度々《たびたび》おやりになって、「生長の家《せいちょういえ》」式《しき》に子供《こども》を教育《きょういく》するには、怒《おこ》らずにこういうふうにやろうというふうにお話をして下《くだ》されば如何《いかが》でございますか。

真《しん》の「生長の家《せいちょういえ》」の教育

山村《やまむら》――先程《さきほど》から、皆《みな》さんのお話を伺《うかが》いまして、私も大変意《たいへんい》を強くしているのでございますが、この「生長の家」式《しき》の教育というような言葉は、私にはむしろ用《よう》がないのでありまして、そういうように、家式《いえしき》というような式《しき》がありますから、却《かえ》って工合《ぐあい》が悪いのです。そういう式がなくて、又《また》、型《かた》もなくて、それ等《ら》をすっかり打《う》ち抜《ぬ》いたものが、本当《ほんとう》の「生長の家」式の教育だと思っているのでございます。それでそういう立場《たちば》に於《お》きまして、私は小《しょう》学校《がっこう》に八年間程《ねんかんほど》、それから引続《ひきつづ》いて、現在中等学校《げんざいちゅうとうがっこう》に又《また》それ程《ほど》の年数《ねんすう》を教《きょう》

頭注版㉖一七七頁

育者《いくしゃ》として歩《あゆ》んで来《き》たのでありますが、この二《ふた》つの教育《きょういく》を私が考えまするに、いろいろ形式的《けいしきてき》なやり方《かた》が変《かわ》っておりましても、教育の本質《ほんしつ》というものについては、私は些《いささ》かの変《かわ》りもないものであると思うのでございます。

さてその本質とは何《な》んぞやという事《こと》は、先程皆《さきほどみな》さんからお話がありましたように、この吾々《われわれ》の無限《むげん》の生長力《せいちょうりょく》、無限の生命力《せいめいりょく》というものを明《あきら》かに顕現《けんげん》する事、明《あきら》かにしっかりと現《あらわ》す事、それが教育の本質であると考えております。してみますると、この教育と申《もう》しますのは、私にとりましては、単《たん》なる学校教育《がっこうきょういく》でもなく、単《たん》なる家庭教育《かていきょういく》でもなく、又社会教育《またしゃかいきょういく》でもなくして、それ等《ら》の皆《みな》を採《と》って一丸《がん》とした、その全体《ぜんたい》を吾々総《われわれすべ》ての大きな生命力《せいめいりょく》の無限の発動《はつどう》にしよう、これが教育であろうと思うのでございます。

点数《てんすう》による人物評価《じんぶつひょうか》の誤謬《ごびゅう》

発動　動かすこと。動き出すこと

頭注版㉖一七八頁

誤謬　間違い。誤り

山村《やまむら》――そこで、こういう事柄《ことがら》について、今迄《いままで》の私の見た眼《め》から申《もう》しますると、ここに仮《か》りに十の力《ちから》が満点《まんてん》とします際《さい》に、今迄小学校《いままでしょうがっこう》、中等学校《ちゅうとうがっこう》を通《つう》じまして、私がその十に対《たい》して七とか六とか、八とか九とか、いったような或《あ》る限定《げんてい》をする事《こと》は、私にとって、非常《ひじょう》に淋《さび》しいのでありまして、この子供《こども》は先《ま》ず七点位《てんくらい》の子供である、この生徒《せいと》は先《ま》ず五点位のものである、というふうに、ほとんど教師《きょうし》も生徒も家庭《かてい》も、意識《いしき》するとせざるとにかかわらず、ほとんど或《あ》る決定的《けっていてき》のものをそれに感《かん》じたり、信じておった。この点が非常に誤《あやま》りであった事が分《わか》るのでございます。この子供が七であり、この子供が八の力であるということを信じておりますその信念《しんねん》を打《う》ち破《やぶ》って、すっかり底《そこ》を抜《ぬ》いてしまう事が出来《でき》たならば、どんなに嬉《うれ》しいであろうと思っていたのでございます。永《なが》らくの間《あいだ》私の念願《ねんがん》であり、夢《ゆめ》であったのです。その夢がもう実現《じつげん》する日《ひ》が近づいた。つまりこれがその七とか、八とかの、限《げん》定《てい》をすっかり打破《だは》する事が出来る。こういうふうな気持《きもち》に心の底《そこ》からなってしまいましたのは、教育者《きょういくしゃ》として非常《ひじょう》に嬉《うれ》しいのでございます。

敵《てき》は本能寺《ほんのうじ》にあり

山村《やまむら》――先達《せんだっ》て私の学校《がっこう》の生徒《せいと》が、先生《せんせい》から酷《ひど》く叱《しか》られて、「学校は嫌《きらい》だから行《い》かない」といって拗《す》ねている。そうしてどうしても行《ゆ》かないのでありますが、「先生どうしたものでしょうか」といって、そのお母様《かあさま》が私の所《ところ》に相談《そうだん》に来《こ》られたのであります。それで私は「お母様、あなたはどうですか、その先生のお叱《しか》りがあなたに気に入《い》らないのか、坊《ぼっ》ちゃんの方《ほう》に気に入《い》らないのか」と申《もう》しました。お母様は「それは勿論《もちろん》私は学校に遣《や》ろうと思っている。でもあんまりだと思います」といわれた。「それではやはりあなたもやりたくないのですねえ。それでは私はあなたに申上《もうしあ》げますが、坊《ぼっ》ちゃんは今日《きょう》から学校に行《ゆ》かれますが、あなたが、良《よ》い先生だ、又《また》良い吾子《わがこ》だと、こ

頭注版㉖一七九頁

敵は本能寺にあり 天正十年に明智光秀が備中国の毛利勢を攻めると称して出陣し、途中で進路を変えて京都の本能寺に滞在中の織田信長を襲った際に光秀が言った言葉。本当の目的は別のところにあること

ういうふうに、しっかりとお思いになったなれば、明日学校《あしたがっこう》に行《ゆ》きますよ」というような事《こと》をもう少し詳《くわ》しく申上《もうしあ》げたのでございますが、お母様《かあさま》は不機《ふき》嫌《げん》そうな顔《かお》をしてお帰りになりました。その翌日《よくじつ》もその子は学校に来《き》ませんでした。その翌々日《よくよくじつ》も来《き》ませんでした。私は参《まい》りましてお母《かあ》さんに「あなたはやはりあなたの方《ほう》が遣《や》りたくないのですねえ。私がこの間《あいだ》お話しました如《ごと》く、あなたが遣《や》る気におなりになったならば、この子は学校に来《き》ますよ。あなたはまだお遣《や》りになる気持《きもち》はございませんねえ」と申《もう》しました。お母様は、「そんな事はない」と仰《お》っしゃる。さて私が行《ゆ》きました時《とき》も子供《こども》は相変《あいかわ》らず拗《す》ねているのですが、私がそのお母様と一緒《いっしょ》に坐《すわ》っているその側《そば》に、坐《すわ》るようにさせたのでございますが、容易《ようい》に坐《すわ》ろうとしない。それでお母様に、「一体《いったい》あなたがこの子は拗《す》ねる子だ、この子は親《おや》のいう事を肯《き》かないので、どうしたならば宜《よ》いかと絶《た》えず零《こぼ》していられる。それを明《あきら》かに私にも申してお
られる。あなたからその考えを変《か》えられたならばどうですか。もっと

良《よ》い子だ、少しも拗《す》ねない、少しも懶《なま》けない、少しも先生《せんせい》を嫌《きら》わない良《よ》い子だと、あなたがお思いになりなさい。そうお思いになると、その念《ねん》が坊《ぼっ》ちゃんに感応《かんのう》して坊《ぼっ》ちゃんが自然《しぜん》に学校《がっこう》が好《す》きになり、先生も好きになるのです」とこういっておりますと、その子供《こども》はいつの間《ま》にやら吾々《われわれ》の間《あいだ》に坐《すわ》っているのです。念《ねん》が感応《かんのう》したのです。それで理論《りろん》を承認《しょうにん》なさったのです。坊《ぼっ》ちゃんは既《すで》にその気持《きもち》になった。「この調子《ちょうし》では、あなたは明日《あした》はきっと学校へいらっしゃる。あなたはなかなか責任観念《せきにんかんねん》が強いので、先生が総《すべ》ての点《てん》に於《お》いて模範《もはん》を示すようにと、その欠点《けってん》を注意《ちゅうい》されたのです。あなたは自分《じぶん》の欠点をいってくれる実《じつ》に良《よ》い先生と思わないか。普通《ふつう》ならば遠慮《えんりょ》して隠《かく》して黙《だま》っているのに、自分の欠点をいってくれる非常《ひじょう》に良い先生であると思われるでしょうねえ」とこんな事《こと》を申《もう》しまして、帰ったのですが、その翌日《よくじつ》その子供は非常に元気《げんき》で来《き》ているのです。敵《てき》は本能寺《ほんのうじ》にありで、この場合《ばあい》は、お母《かあ》さんの不服《ふふく》がなくなった時《とき》に、子供の方《ほう》の不服がなくなっていたという事《じ》実《じつ》になるのでございます。母親《ははおや》の念《ねん》が子供《こども》に感応《かんのう》するのです。

我子《わがこ》をほめても自慢《じまん》ではない

山村《やまむら》――なお、又私事《またしじ》になりまして恐《おそ》れ入《い》りますが、私の子供は尋常《じんじょう》二年《ねん》の頃《ころ》から英語《えいご》を教《おそ》わっております。先生《せんせい》は外国《がいこく》から帰られた先生でありまして、姉《あね》の方《ほう》の子供は四年から習《なら》いまして、今年《ことし》、三年と五年であります。ちょうど、私の学校《がっこう》で使っているリーダーを使って、又《また》、文法《ぶんぽう》の方《ほう》も同様《どうよう》なものを使ってもらっておりますが、日曜日一日《にちようびいちにち》だけ先生に来《き》て頂《いただ》くだけで、中《ちゅう》学《がく》の生徒《せいと》と少《すこ》しも変《かわ》らないで進んで行《い》っているのでありまして、中学の生徒と比較《ひかく》してもらって、五十の単語《たんご》を出して頂いて、四十七、八迄合《まであ》わす、よく行《い》った時《とき》はすっかり合わす。これは私が今《いま》子供の自慢として申上《もうしあ》げるのでなくて、私の子供は小学校《しょうがっこう》では一番《ばん》でも二番でもないようであります。普《ふ》

頭注版㉖一八一頁

リーダー 特に英語の教科書。読本。reader

通《つう》の子供《こども》であります。それは今《いま》申上《もうしあ》げますように敵《てき》は本能寺《ほんのうじ》にあるというわけでありまして、私の家内《かない》が子供の事《こと》を人様《ひとさま》に向《むか》って大変褒《たいへんほ》める。なかなか褒《ほ》める。これを悪くいったならば自慢《じまん》する。どうもあまり人様に向《むか》って自慢し過《す》ぎるようで、将来《しょうらい》うまく行《ゆ》かなかった場合《ばあい》に赤面《せきめん》しなければならないと私はこういうふうに思ったのであります。今《いま》私が振《ふ》り返《かえ》ってみますると、子供の事を人様に褒《ほ》めておりました家内の方《ほう》が、よかったと思っております。今ではその点《てん》について降参《こうさん》しております。つまり人《ひと》の前《まえ》でも頻《しき》りに褒《ほ》める。それが非常《ひじょう》に有効《ゆうこう》であったと思います。この場合にも敵は本能寺にあります。

私は叱《しか》らない先生《せんせい》と自任《じにん》している

藤井《ふじい》——私は学校《がっこう》でも生徒間《せいとかん》において叱《しか》らない先生だというので有名《ゆうめい》だと思

頭注版㉖一八二頁

自任 自分の行為や能力などが、それにふさわしいと思うこと。自負

っておるのですが、叱《しか》る先生《せんせい》の授業《じゅぎょう》ぶりはどうかと申《もう》しますると、生徒《せいと》が叱《しか》られるから静粛《せいしゅく》にして授業を受けるかと申《もう》しますとあながちそうとも限《かぎ》らないのであります。私は叱《しか》りませぬけれども、私の出ます教場《きょうじょう》は実《じつ》に静粛でありまして、よく私の言うことを聴《き》いてくれます。ほかの先生からおとなしいと言われますが、どうも叱《しか》ることがありませぬので、叱《しか》らず順調《じゅんちょう》に授業をしております。叱《しか》らず静粛に授業を致《いた》しまして、それで自分《じぶん》としては能率《のうりつ》が挙《あ》がっておるように考えております。叱《しか》らないからといって別《べつ》に批難《ひなん》のあるようなことも聞きませぬし、生徒側《せいとがわ》からは却《かえ》って好感《こうかん》を持たれておるように考えております。

本部員《ほんぶいん》——石川《いしかわ》さんは随分叱《ずいぶんしか》らない教育《きょういく》をなすっていらっしゃるそうですが。

あながち　必ずしも

一《ひと》つの形式《けいしき》に偏《へん》しない

石川《いしかわ》――でも、やはり時々叱《ときどきしか》ることがあります。

本部員《ほんぶいん》――そうですかね。

石川――やはり叱《しか》らないという事《こと》もないわけです。でもこの節《せつ》ではまあ私はなんでございますね、特《とく》にどうしなければならない……子供《こども》を別《べつ》に無理《むり》に神の子と見なければならないとか、そう考えなければならないということは一切《いっさい》しないのです。別に私は難《むつか》しい育《そだ》て方《かた》もしておりませぬし、難《むつか》しい信仰生活《しんこうせいかつ》もしておりませぬ。別にどうしなければならないという事はないのでありますます。で時々自分《ときどきじぶん》で叱《しか》ってしまって、あとからそれを考えることがあります。時《とき》にはやはり少々《しょうしょう》強く響《ひび》くような言葉を用《もち》いても差支《さしつかえ》ないのじゃないか、まあ心の赴《おもむ》くままに動いて行《ゆ》く。あとから振返《ふりかえ》ってみて、ああ、あの時《とき》

頭注版㉖一八三頁

叱《しか》ってよかったと、このように感《かん》じます場合《ばあい》があるのでございます。

本部員《ほんぶいん》――叱《しか》り方《かた》にも、失意落胆《しついらくたん》させるような叱《しか》り方《かた》もありますし、激励《げきれい》する叱《しか》り方《かた》もありましょう。この頃光明寮《ごろこうみょうりょう》の御指導《ごしどう》の様子《ようす》を拝見《はいけん》しましたが、時に鉄鎚《てっつい》の教育《きょういく》を遊《あそ》ばしていらっしゃる。徹底的《てっていてき》に生徒《せいと》に迫《せま》っていらっしゃるのですね。この間《あいだ》の『教育』の三月号《がつごう》にも谷口先生《たにぐちせんせい》の「鉄鎚《てっつい》の教《きょう》育法《いくほう》」ということが載《の》っておりましたですが、それで、今《いま》までにお書きになられたことと、この頃《ごろ》お書きになられたことと、そこに何《なん》だかこう行《ゆ》き方《かた》が違《ちが》うようじゃないかといったような感想《かんそう》を、この頃有《ごろも》つ方《かた》がありますが、そんなお感じはございませんでしょうか。

鉄鎚《てっつい》の教育これ又《また》愛の教育

山村《やまむら》――そのお話に関係《かんけい》すると存《ぞん》じますが、この鉄鎚《てっつい》の教育、従《したが》ってこの努《ど》

『教育』『生命の教育』誌の略語

頭注版㉖一八四頁

力《りょく》の教育《きょういく》、つまりその鉄鎚《てっつい》を加《くわ》えて努力《どりょく》を強《し》いるかの如《ごと》く聞こえる言葉でありまするが、私はその鉄鎚《てっつい》の教育なるものが又《また》これ愛の教育であるとこう思うのでございまして、愛なるが故《ゆえ》の鉄鎚教育《てっついきょういく》であり、そうして又《また》これが本当《ほんとう》であると思うのであります。最《もっと》も進んだ状態《じょうたい》におきましては、叱《しか》ることが要《い》らないのだと思いますし、鉄鎚《てっつい》を加えることも要《い》らないと思うのでありますけれども、この過渡期《かとき》におきましては、その鉄鎚《てっつい》の教育が必要《ひつよう》だろうと思う、しかしその鉄鎚《てっつい》でもって頭《あたま》を殴《なぐ》りつけるのではなくして、鉄鎚《てっつい》で殴りつけられるものは本来《ほんらい》のものでない迷《まよい》が殴られるのであって、その子供《こども》の神の性《せい》、仏《ほとけ》の性《せい》というものが殴られるのじゃないのです。私はこの間《あいだ》も或生《あるせい》徒《と》のお母《かあ》さんに申《もう》しましたが、叱《しか》ってもよいのです。しかしどういうふうに叱《しか》るかと申しまするると、例《たと》えばここに百点《てん》取《と》るべき成績《せいせき》に対《たい》して六十点しかよう取らなかった、その時《とき》は大《おお》いに叱《しか》りなさい。何《なん》と言って叱《しか》るか。あなたはこんな点を取るあなたではない。こんな拙《まず》い点を取るあなたは実《じつ》に怪《け》しか

過渡期　古いものから新しいものへと移り変わってゆく時期

らぬ、実《じつ》に贋物《にせもの》だ。本当《ほんとう》のあなたはこのような怪《け》しからん贋物《にせもの》の点《てん》を取るあなたでは決《けっ》してない。本当のあなたは百点取るに違《ちが》いないのだ、この六十点の点を取るあなたは虚《うそ》のあなただ、虚《うそ》のあなたを出してはいけない。本当のあなたを出しなさい。本当のあなたは百点取るお利口《りこう》さんであると、こう言って叱《しか》りなさいということを申《もう》したことがありますが、ここですね、その迷《まよい》の方《ほう》、六十点に縛《しば》られておる方《ほう》を、鉄《てつ》の固《かた》い固いやつでガンとやっつける、そして本物《ほんもの》の立派《りっぱ》な力《ちから》を激励《げきれい》して出すというのが谷口先生《たにぐちせんせい》の被仰《おっしゃ》る本当の鉄《てつ》鎚《つい》の教育《きょういく》だというふうに私は解釈《かいしゃく》をしております。

「叱《しか》る」の真《しん》の意味《いみ》

本部員《ほんぶいん》──徹悃深切《てっこんしんせつ》というところですね。

山村《やまむら》──私はそう思いますね、決《けっ》してそれは叱《しか》るのじゃない。深切《しんせつ》に説《と》き聞

頭注版㉖一八六頁

徹悃深切　まごころに徹して親切をつくすこと

かしておる。そういう点《てん》において私は叱《しか》るという言葉を使いたくない。もう私の頭《あたま》にこびり附《つ》いております。叱《しか》られる者《もの》の悲哀《ひあい》というものが。ハハ……

本部員《ほんぶいん》――中々面白《なかなかおもしろ》い問題《もんだい》ですね。

山村《やまむら》――決《けっ》して叱《しか》ったらいけない。諭《さと》す、これが私は必要《ひつよう》だと思います。深《しん》切《せつ》に道理《どうり》を説《と》き聞かしてやる。諭《さと》してやることはよいけれども、頭《あたま》から叱《しか》ることはいけない。それで私は将来《しょうらい》もう叱《しか》るという言葉はこれから先《さき》もう出すまいと思っております。

本部員――今《いま》の山村さんのお話は何《なん》ですね、結局《けっきょく》その実相《じっそう》を見てのお叱《しか》りである。実相を見ないところの、従来《じゅうらい》の叱《しか》り方《かた》はいけないという点《てん》では一《いっ》致《ち》していらっしゃるわけですね。

山村――そうです。

本部員――呶鳴《どな》らないで、深切《しんせつ》に説いて美点《びてん》を引出《ひきだ》してやるのでございますね。

従来《じゅうらい》の教育《きょういく》には霊育《れいいく》が欠《か》けている

近藤《こんどう》――私は数学《すうがく》を受持《うけも》っておりますのですが、従《したが》って話はそういう方面《ほうめん》に亙《わた》ってお分《わか》り難《にく》い点《てん》もあるだろうと思います。今《いま》の、叱《しか》るという問題《もんだい》に対《たい》しましては、私自身《わたしじしん》が教育界《きょういくかい》に入《はい》りました当座《とうざ》は、……私は自分《じぶん》の過去《かこ》の教育において極《きわ》めて厳粛《げんしゅく》なる教育を受けて来《き》ましたので……小学校時代《しょうがっこうじだい》においては、あのちょうど寺小屋式《てらこやしき》の教育を受け、『論語《ろんご》』、『孟子《もうし》』、或《あるい》は『十八史略《しりゃく》』というようなものを、教《おし》え込《こ》まれて鍛《きた》えられて来《き》たものでありますから、その過去における自分の受けた教育を土台《どだい》として、自分の教育すべきものは、いわゆる現在《げんざい》のようななまくらな、何《なん》と言ってよいか、お茶《ちゃ》にごしのような教育であってはいけない。厳重《げんじゅう》なる、魂《たましい》に響《ひび》くような教育をしなければならないということを初《はじ》めに考えたのであります。従《したが》って現《げん》

頭注版㉖一八七頁

寺小屋　江戸時代の庶民の教育施設。読み、書き、そろばんなどを教えた。寺子屋

『論語』　儒教の代表的な経典「四書五経」の筆頭の書。孔子の言行録

『孟子』　「四書五経」の一つ。孔子の思想を学んだ孟子の言行を伝える

『十八史略』　『古今歴代十八史略』の略称。元代に著された簡略な歴史書

なまくら　切れ味が鈍いこと。意気地がないこと。腕前が未熟なこと

お茶にごし　いい加減なその場しのぎでごまかすこと

象《しょう》に現《あらわ》れた事柄《ことがら》としてはどういうことをしたかというと、一例《れい》を申《もう》しますれば、もう既《すで》に大きくなった子供《こども》を有《も》っておるのですが、その人《ひと》を教《おし》えておった時《とき》、数学《すうがく》の問題《もんだい》を出して解答《かいとう》を書かしておった。前《まえ》の方《ほう》を私が見ておってひょっと後《うしろ》を振向《ふりむ》くと、その解答が出来《でき》ないためか、隣《とな》りの者《もの》とつつき合《あ》いしておる。それを見て私は頗《すこぶ》る不真面目《ふまじめ》な奴《やつ》だと直感《ちょっかん》しましたので、すぐその場《ば》でとっ摑《つか》まえて二《ふた》つ三《みっ》つぶん殴《なぐ》った。ぶん殴《なぐ》ったところが、私の顔《かお》を見て何《なに》しやがるというような顔をしたので、又《また》とっ摑《つか》まえて今度《こんど》は足で蹴《け》った。すると階段《かいだん》から落ちたのですが、その子供が卒業後《そつぎょうご》何年《なんねん》かしてから私の所《ところ》へ来《き》ました。そうして色々《いろいろ》と話すのを聴《き》いておりますと、あの当時《とうじ》殴《なぐ》られて非常《ひじょう》に恐《こわ》かったとか、或《あるい》は無理《むり》をしたとかいうような感《かん》じは一《ひと》つも申《もう》しませぬ。あのくらい厳重《げんじゅう》にやられたことがむしろ思出《おもいで》の種《たね》になったといっていました。しかし、その後《ご》私もだんだん年《とし》が寄《よ》るにつれて考えさして頂《いただ》いて、どうもそういう考《かんがえ》でもって、百人が百人《にん》までやってはいけないという事実《じじつ》を見出《みいだ》した。即《すなわ》ち先程《さきほど》、大畑《おおはた》さんでしたかが被仰《おっしゃ》っておったように、我々《われわれ》は徳育《とくいく》、知育《ちいく》、体育《たいいく》というものを目標《もくひょう》に置《お》く以外《いがい》に、霊育《れいいく》というものを目標に置くことに欠《か》けておったということを見出《みいだ》したのであります。そうして、さて然《しか》らば、この霊育《れいいく》というものをどういうふうにして、実際《じっさい》においてこの教育《きょういく》の上《うえ》に具体的《ぐたいてき》に現《あらわ》して行《ゆ》くかという問題《もんだい》に行悩《ゆきなや》んだのであります。

生徒《せいと》を叱《しか》る立場《たちば》に立たせるのは教師《きょうし》の手落《ておち》

近藤《こんどう》――この事実問題《じじつもんだい》について、今叱《いましか》るという場合《ばあい》に際会《さいかい》した時《とき》に於《おい》て、静かに振返《ふりかえ》ってみると結局自分《けっきょくじぶん》が叱《しか》るような状態《じょうたい》に生徒を置《お》いておる事実が、どの事実においても見出《みいだ》し得《う》る事《こと》を気附《きづ》かして頂《いただ》いたわけであります。例《たと》えば生徒がよそ見《み》をしなければならないような場合は、教授者《きょうじゅしゃ》の方《ほう》においても何《なに》かそこに疎《おろそ》かな管理上《かんりじょう》の手落《てお》ちがあるのです。それは生徒自身《せいとじしん》が悪

然らば　それならば

頭注版㉖一八八頁

際会　重要な局面や機会に出会うこと

教授者　学問や技芸などを教え授ける人

いのじゃない。従《したが》ってそこに気附《きづ》く時《とき》においては、我々《われわれ》は先《ま》ずその伸《の》びようとする、いわゆる発展《はってん》しようとするところの生徒自身《せいとじしん》にその活動《かつどう》の世界《せかい》を与えてやらなければならないと、こういうふうに考えて来《き》たわけであります。その中《うち》に、昨年《さくねん》この生長《せいちょう》の家《いえ》に這入《はい》らして頂《いただ》いてからは、本当《ほんとう》に今《いま》まで考えて来《き》たことを、もう少《すこ》し徹底的《てっていてき》に考えさして頂きたいというような考《かんがえ》をもちまして、昨今《さっこん》ではそういうような、鉄鎚《てっつい》を用《もち》うるようなことは全然《ぜんぜん》しないのであります。けれども場合《ばあい》によっては、例《たと》えば数学《すうがく》の実習《じっしゅう》に外《そと》に出るというような場合においても、悪戯《いたずら》をするその子供《こども》に、魂《たましい》に響《ひび》くような事《こと》柄《がら》をそこでお話《はな》しすれば、結局《けっきょく》、外形的《がいけいてき》に鉄鎚《てっつい》を加えなければならないというような立場《たちば》にまで立至《たちいた》らないで済《す》むということを、時々体験《ときどきたいけん》しております。要《よう》するにそれは教授者自身《きょうじゅしゃじしん》そこに何《なに》か欠陥《けっかん》がある、生長《せいちょう》の家《いえ》で申《もう》しますところの実相《じっそう》というものが心に欠《か》けておるという事実《じじつ》がはっきり分《わか》る。それがはっきり分《わか》らして頂いてみれば、自他一体《じたいったい》ということもしみじみ味《あじ》わ

昨今　このごろ。近頃

わせて頂《いただ》けるような気持《きもち》がするのであります。で、従《したが》って現在《げんざい》或《あるい》は将来《しょうらい》とも、私は形《かたち》に現《あらわ》れたああいう鉄鎚《てっつい》を加えるというようなことは少《すこ》しも必要《ひつよう》がないものだと、自分自身《じぶんじしん》では固《かた》く信じております。

神性導出《しんせいどうしゅつ》の機会《きかい》をつかむ

近藤《こんどう》――それからもう一《ひと》つは、まあ我々《われわれ》は総《すべ》ての人《ひと》が神の子であるという事《こと》になるのですけれども、それに関《かん》する私の体験《たいけん》をお話《はな》し致《いた》しましょう。今《いま》三年《ねん》の或子供《あるこども》が非常《ひじょう》に成績《せいせき》が悪い。それが妙《みょう》な事《こと》には小学校《しょうがっこう》では優等《ゆうとう》でずっと来《き》ておるのです。ところが私の方《ほう》へ来《き》て、一年の時《とき》は中位《ちゅうぐらい》です。二年の時には危《あぶな》い、及落会議《きゅうらくかいぎ》にかかった。三年の一学期《がっき》になりまするとずっと悪くなりまして、平均点《へいきんてん》が五十三点《てん》しかない。そこでまあ家庭《かてい》では一所懸命《いっしょけんめい》家庭教師《ていきょうし》を附《つ》けてやったのでありますが、効果更《こうかさら》に現《あらわ》れず、二学期の中頃《なかごろ》も

頭注版㉖一九〇頁

導出　みちびき出すこと

及落会議　試験などの合格または不合格を判定する会議。成績会議

更に…ず　全く…ない

過《す》ぎ、臨《りん》時《じ》試《し》験《けん》も済《す》みましてから、或先生《あるせんせい》から紹介《しょうかい》されて、私の所《ところ》へとにかく救《すく》ってくれと言って飛込《とびこ》んで来《き》た。つまり教《おし》えて欲《ほ》しいということであります。しかし私は、同じ学校《がっこう》の生徒《せいと》に対《たい》して教えるということは、弊害《へいがい》があるから教えるわけにいかない。しかし私に救ってくれということは、必《かなら》ずしも私が手を下《くだ》して教えるということのみが、あなたを救う意味《いみ》ではないからということをだんだんお話《はなし》して、それから母親《ははおや》の今《いま》まで執《と》って来《き》たところの教育法《きょういくほう》について色々尋《いろいろたず》ねたけれども向《むこ》うは何《なに》も言わない。私は坐《すわ》ったままで、ちょうど小学校の先生が一緒《いっしょ》に附《つ》いて来《き》ておりましたので、その先生と色々話をしておりましたが、結局結論《けっきょくけつろん》としては、母親が悪いということを見出《みいだ》したのであります。その家《いえ》は相当《そうとう》な名望家《めいぼうか》です。従《したが》って自分《じぶん》の家《いえ》より、ずっと家柄《いえがら》の低《ひく》い家《いえ》の子供《こども》がよく出来《でき》て、もしも自分の家《いえ》の子供が出来なくて、落第《らくだい》すれば世間《せけん》に顔向《かおむ》けが出来ないというところの、極《ご》く浅《あさ》はかな考えから、子供に無理《むり》な教育《きょういく》を強《し》いた。夜《よる》となく昼《ひる》となく、家庭教師《かていきょうし》を附《つ》

名望家　名声が高く人望がある人。その家庭

けて無理強《むりじ》いの教育《きょういく》をして来《き》たらしいのです。こういう状態《じょうたい》でありましたので、これはもう生命《せいめい》の教育の内容《ないよう》については、ここに繰返《くりかえ》して申《もう》す事《こと》はしませぬが、とにかくその事をよく申しました。或日《あるひ》幸《さいわ》いに誰《たれ》もおりませんでしたから、校長室《こうちょうしつ》に呼寄《よびよ》せ、二学期《がっき》の臨時試験《りんじしけん》の答案《とうあん》を持って来《き》て示したのであります。幸《さいわ》いにもそれが神の導《みちび》きでありましたか、ちょうど五十点取《てんと》ってておる。で、私は君《きみ》は五十点取ってておる。いつもなら十点か二十点、又《また》は零点《れいてん》であるのに、今度《こんど》の五十点はどうして取ったか、それが君に分《わか》るかと言って、その答案を見せてやったが、何《なに》も言わずにニヤニヤ笑っておる。尤《もっと》もこの答案は、つまり生徒《せいと》の素質《そしつ》を見るというような点から、工夫《くふう》して新しい形《かたち》で出したのであります。系統《けいとう》を立《た》て得《う》る子供《こども》であるならば、直《ただ》ちに解《と》き得《う》る問題《もんだい》であったのですが、それをちょっと思い違《ちが》ったものか、組長《くみちょう》である子供がそれについて四十点しか取《と》ってない。組長が四十点。ところが、片方《かたほう》のいつも零点《れいてん》の者《もの》が五十点取っておったから、私はその両方《りょうほう》の答案を比較《ひかく》して見せて、確《たし》かにこの点数《てんすう》からいうと、君《きみ》の方《ほう》は組長《くみちょう》より出来《でき》ておる。然《しか》るにいつも出来ないのはどういうわけであるかと、こういうふうに質問《しつもん》をしてみたのであります。そうすると、相変《あいかわ》らずニヤニヤ笑っておりました。それで私考えますのに、これは、類似《るいじ》した問題《もんだい》を並《なら》べて出しておいたらそれに頼《たよ》ってうまいこと書けると、こういう状態《じょうたい》でありますので、いわゆる依頼《いらい》心《しん》が強いということが、現実《げんじつ》に答案《とうあん》の上《うえ》に現《あらわ》れておる。そこで私は、君《きみ》は教《おし》えてもらわなければ出来ない、或《あるい》は家庭教師《かていきょうし》を附《つ》けてもらわねば出来ないという、そういう気持《きもち》に禍《わざわい》されてこういう結果《けっか》になって来《き》ておるのだから、君はこの気持《きもち》を改《あらた》めなければいけない。それについて、組長の答案と比《ひ》較《かく》してみても分《わか》るように、君は実際《じっさい》はよく出来るのだ。だから、これからやるか、ということを申《もう》しましたところが、「先生《せんせい》やります」とこう言うのです。そうか、それじゃ一《ひと》つやれ、そうしたら本試験《ほんしけん》までには期間《きかん》が短《みじか》いけれども、必《かなら》ずその効果《こうか》が現《あらわ》れて、君の今《いま》まで心配《しんぱい》していた不成績《ふせいせき》が拭《ぬぐ》われるぞと、こう言って、ちょうどそれは十一月《がつ》の終《おわり》で、本試験《ほんしけん》まで十日位《とおかぐらい》しかなかったのです。勿論《もちろん》日《ひ》が短《みじか》いので、はっきり見えた成績《せいせき》ではなかったですけれども、二十点《てん》ばかり点が殖《ふ》えておる。不思議《ふしぎ》に一番不得意《ばんふとくい》であった英語《えいご》なども甲《こう》を取《と》っておるという事《こと》でありまして、二学期《がっき》の総括《そうくく》りの形《かたち》に現《あらわ》れた総《そう》平均点《へいきんてん》が、一点増《ま》したということになりました。それから休《やす》みになりましてから、又《また》私の所《ところ》へ来《き》ましたので、それで再《ふたた》び繰返《くりかえ》して前《まえ》のようなことを申し、この前は期間が短いために、いちじるしい効果《こうか》を現《あらわ》すことは出来《でき》なかったが、君《きみ》はよく出来るのであるから、三学期は一つ猛烈《もうれつ》にやってみよ、とこういうふうに言っておいて、ついこの間臨時試験《あいだりんじしけん》を行《おこな》いました結果《けっか》を調べたところが、今《いま》まで零点《れいてん》ばかり取《と》っておった幾何《きか》が百点。これは私が受持《うけも》っておらないのでして、しかも私が生長《せいちょう》の家云々《いえうんぬん》ということを実際《じっさい》にまだ話もしていない。まるっきりこの事《こと》を知らない人《ひと》が採点《さいてん》した結果が、百点取っておる。私の代数《だいすう》が八十点取っておる。その他《た》の科目《かもく》も皆今迄《みないままで》五十点以下《いか》であ

代数　数の代わりに文字を用いる数学の一分野

ったものが六十点《てん》、七十点という点を取《と》っておる。この事《こと》によりまして私の感《かん》じました事は、生長《せいちょう》の家《いえ》の教育法《きょういくほう》というものを、具体的《ぐたいてき》にその子供《こども》について見せてやる。そうして、子供自身《こどもじしん》にそれを感じさせる。お前《まえ》は神の子であるから、無限《むげん》の力《ちから》があるぞという、その原理《げんり》を、具体的に事実《じじつ》について子供に教《おし》えてやる。そうすれば、そういうふうに、神の子であるとか、無限の力があるとかいうことをあらかじめ注入《ちゅうにゅう》しておかなくとも、その時《とき》その時によって、生長の家の教育《きょういく》というものが、そこに実現《じつげん》されてゆくと思います。

神と共《とも》に生きる教育

田中《たなか》――先《さき》ほどの問題《もんだい》ですが、生長の家は怒《おこ》らないということから、先生《せんせい》はもうこの頃《ごろ》、叱《しか》らないから、どうでもよいかというようなお話が、先《さき》ほどち

頭注版㉖一九四頁

ょっとございましたけれども、ちょうど、私は同じ問題《もんだい》に、この学期《がっき》の初《はじ》めに打突《ぶっつ》かりました。それは、お正月《しょうがつ》の休《やすみ》に宿題《しゅくだい》をやらせますことはいけないということは、私自身常《わたしじしんつね》に考えておりましたのですけれども、大変仕事《たいへんしごと》が遅《おく》れまして、私はまあ洋裁《ようさい》ばかり教《おし》えまするために、学校《がっこう》へ参《まい》っておりまするのですが、あと一学期だけでは、どうしても卒業《そつぎょう》までの予定《よてい》の仕事が出来上《できあが》らないと、こういうようなわけでございましたので、大変気《き》の毒《どく》でしたけれども、お正月の休《やすみ》にこれだけの仕事をして来《き》て下《くだ》さいということを、生徒《せいと》に頼《たの》んでおいたのでございます。ところがお正月が済《す》みまして、学校へ行《ゆ》きますると、三組《くみ》の中《うち》、AとBだけはして参《まい》りましたけれども、Cだけはやって参りませぬ。ちょっと不愉快《ふゆかい》に思って帰りますと、宅《たく》の娘《むすめ》がAの方《ほう》におるのでございますが、それが申《もう》しますのに、お母《かあ》さん、あのね、C組《ぐみ》がやって来《こ》なかったのは、田中先生《たなかせんせい》は生長《せいちょう》の家《いえ》にはいって、この頃《ごろ》ちっとも叱《しか》らないというので、皆《みん》な宿題して行《ゆ》かないように、相談《そうだん》が出来《でき》たらしいのですよ、（笑声《しょうせい》）とこう申《もう》しますのです。それを聞きまして私はハッと思いました。これはどうしたらよいだろうかと思って、ちょっとまごつきました。学校《がっこう》でその事《こと》を聞いたのでしたら、きっと怒《おこ》ったかも知れないのでございますけれども、家《うち》で聞きましたので、これは困《こま》ったなと考えました。けれどもその時直《ときす》ぐ、いや、これは神様《かみさま》がよい工合《ぐあい》に道《みち》を拓《ひら》いて下《くだ》さるに違《ちが》いない。終《しま》いには何《なに》かきっと、よい道を拓《ひら》いて頂《いただ》けるに違いないというふうに直感《ちょっかん》しました。しかし、心ではそう思いながら、これでは学校へも済《す》まないことになりますし、生徒《せいと》にも済まないことになりますので、やはり内心《ないしん》ではちょっと困っておりましたのですが、それがまあ不思議《ふしぎ》なことには、具合《ぐあい》よく解決《かいけつ》いたしました。その翌々日《よくよくじつ》、Cの組長《くみちょう》さんがボールドに、田中先生《たなかせんせい》に出す仕事《しごと》はこの週中《しゅうちゅう》にみんな拵《こしら》えること、とこう書いていましたよ、と宅《たく》の娘《むすめ》が申します。私は何一《なにひと》つ本人《ほんにん》にも級長《きゅうちょう》にも申したことはないのでありますます。ところが、Aの組長さんが『生長《せいちょう》の家《いえ》』を大変熱心《たいへんねっしん》に読んでおりま

ボールド blackboard の略。昭和初期まで用いられていた黒板の旧称

す……それはちょうど宅《たく》の娘《むすめ》のお友達《ともだち》でしたので、宅《たく》の娘が色々生長《いろいろせいちょう》の家《いえ》の話をしたりなんかしました関係《かんけい》から、読んでおるのでありますが、その娘さんがCの組長《くみちょう》さんに言うたそうでございます。田中先生《たなかせんせい》は、怒《おこ》りなさらんけれども、みんなで言いつけ通《どお》りよくやる事《こと》をお喜《よろこ》びになるのよ、というわけでした。生長の家に這入《はい》らして頂《いただ》いたお蔭《かげ》で、神様《かみさま》はよい工合《ぐあい》にして下《くだ》さる。何《なに》も策略《さくりゃく》をしないでも、ちゃんとよい工合《ぐあい》にして下《くだ》さる、有難《ありがた》いことだ、ただもう有難《ありがた》いことだと思いまして、その際《さい》は過《す》ごしましたのですけれども、それから後《のち》、やはり多少《たしょう》そういう気持《きもち》が子供達《こどもたち》にもあるらしいのです。私は教室《きょうしつ》へ這入《はい》ります時《とき》には、これがまあ修身《しゅうしん》か何《なに》かでしたら、時間《じかん》の初《はじ》めにしばらく目をつぶってお祈《いの》りをしても、別《べつ》に差支《さしつか》えないのでございますけれども、洋裁《ようさい》の風呂敷《ふろしき》を拡《ひろ》げて、お祈りするのもちょっとこううつりが悪うございますから、そこで私は教室へ這入《はい》ります前《まえ》、教室の入口《いりぐち》にしばらく立ちましてお祈りをすることにしております。どうぞこの時間も間違《まちが》い

策略　はかりごと

うつりが悪い　取り合わせが悪い。似合わない

なく、子供達《こどもたち》の持っておるものを完全《かんぜん》に出さして頂《いただ》けるようにというふうに、ほんの僅《わず》かの間《あいだ》入口《いりぐち》に立って、それだけの事《こと》をお祈《いの》りして這入《はい》ることにしております。きょうは一番最後《ばんさいご》の時間《じかん》でしたが、時間がちょっと剰《あま》りましたので、その時間を利用《りよう》して色々《いろいろ》話しました。あなた方《がた》は今《いま》から社会《しゃかい》に出《で》て、出《だ》したらいくらでも出せるものが、あなた達自身《たちじしん》の中《なか》にあるのだというような事を、お終《しま》いの御挨拶《ごあいさつ》と一緒《いっしょ》に申《もう》しましたところが、大変《たいへん》子供達も喜《よろこ》んでくれていました。ほんとにこの学期《がっき》ほど、大変気持《きもち》よく過《す》ごさして頂いた時《とき》はございませんでした。

本部員《ほんぶいん》——祈りながら教育《きょういく》するというのは、中々結構《なかなかけっこう》なお話でございますね。皆様《みなさま》がそれぞれの持場《もちば》で一所懸命《いっしょけんめい》に尽《つく》していらっしゃる事に対《たい》して、ほんとに感激《かんげき》せざるを得《え》ないのであります。只今《ただいま》のお話でも結局《けっきょく》一切《いっさい》を統《す》べ給《たま》う絶対者《ぜったいしゃ》がうまく調整《ちょうせい》して下《くだ》さったと思います。

統べる　一つにまとめ、おさめること

習字《しゅうじ》の指導《しどう》には二重丸《にじゅうまる》を奮発《ふんぱつ》する

安川《やすかわ》――私はまだ日《ひ》が浅《あさ》うございまして何《なに》も申上《もうしあ》げることはないのでございますが、先《さき》ほどお話の鉄鎚《てっつい》の教育《きょういく》、或《あるい》は叱《しか》ってもよいと、色《いろ》んなお話がございましたですが、結局実相《けっきょくじっそう》に火を点《てん》ずること、言葉がきつい優《やさ》しいかだけであって、結局実相を認《みと》めてやる、又《また》は褒《ほ》めてやるということになるのでないかと私は解《かい》しておるのでございます。私共《わたしども》はやはりどうも叱《しか》らないで行《ゆ》きたい、褒《ほ》めてやりたいと思っております。今《いま》までの私のやり方《かた》を振《ふり》返《かえ》って、生長《せいちょう》の家《いえ》に入《はい》らしてもらうて、非常《ひじょう》に喜《よろこ》ばしてもらっていますのは、すっかり逆《ぎゃく》な行《ゆ》き方《かた》……欠点《けってん》ばかり見ておったということを分《わか》らして頂《いただ》いて、以前《いぜん》の事《こと》を恥《はずか》しいと考えておる次第《しだい》です。例《たと》えば、お習字《しゅうじ》の時間《じかん》なんかでも、欠点ばかり指摘《してき》して、文句《もんく》ばかり言って来《き》ました。又入学試験《またにゅうがくしけん》の

頭注版㉖一九七頁

奮発　思い切って金品などを出すこと

内申状《ないしんじょう》を書く時《とき》なども、欠点《けってん》はよく分《わか》るが、長所《ちょうしょ》は少《すこ》しも分《わか》らないというふうに、欠点ばかり見て来《き》ておったのでございます。しかし、生長《せいちょう》の家《いえ》に入《はい》らして頂《いただ》いてから、廻《まわ》って行《い》って、黙《だま》ってただ丸《まる》を入《い》れるだけにしております。どんな子供《こども》でも、六字書けば、その六字のうちには必《かなら》ずよく書けた字がありますから、それに二重丸《にじゅうまる》を入れる。三重丸《さんじゅうまる》を入れるというふうにしておるのですが、子供は大変喜《たいへんよろこ》んで、一所懸命《いっしょけんめい》にやってくれます。私は今《いま》まで丸を入れて喜ぶのは、一年生《ねんせい》か二年生ぐらいの子供だけかと思っておりましたが、大きい子供でも、丸を入れてやると喜んで、一所懸命にやってくれます。ほかの先生《せんせい》からそんなに褒《ほ》めてばかりしておって君《きみ》よいのか、と注《ちゅう》意《い》を受けるのでありますが、私はお互《たがい》に皆《みな》神の子であるということを知らしてもらった以上《いじょう》は、必ずそれは褒《ほ》めれば善《よ》くなると信じておりますから、拝《おが》み合《あ》わなければならないという意味《いみ》で叱《しか》らないようにして行《ゆ》きたいと思っております。

内申状 進学する生徒の成績や品行などを志願校へ報告する書類。内申書

大畑《おおはた》――中等学校《ちゅうとうがっこう》の生徒《せいと》でも丸《まる》を入《い》れたら喜《よろこ》びますよ。

山村《やまむら》――先生《せんせい》も喜びます。ハハ……（一同哄笑《いちどうこうしょう》）

子供《こども》に対《たい》し感謝《かんしゃ》を捧《ささ》ぐる親《おや》

安川《やすかわ》――なお先《さき》ほど来《らい》、学業方面《がくぎょうほうめん》において、実績《じっせき》の挙《あが》ったお話がございましたので、私は少《すこ》し方面《ほうめん》を変《か》えて、性質《せいしつ》とか操行《そうこう》とか、そういう方面のことを申《もう》さして頂《いただ》いて、責《せめ》を塞《ふさ》ぎたいと思います。私よく分《わか》りませんのですが、入会《にゅうかい》さして頂いた当時《とうじ》、感謝行《かんしゃぎょう》のところを読まして頂いて大変感《たいへんかん》じさして頂きましたことは、とにかく人《ひと》を喜ばせなければならない。そうすれば神様《かみさま》が褒《ほ》めて下《くだ》さるということであります。それで子供《こども》に、神様に褒《ほ》めてもらえるようなこと、お父《とう》さんやお母《かあ》さんに、褒《ほ》めてもらえるようなことを一《ひと》つでもやったら、日記《にっき》に書いて来《き》なさいと言って、名前《なまえ》は変《へん》でありまするが、褒《ほ》

哄笑　大声をたてて笑うこと

頭注版㉖一九八頁

責を塞ぐ　一応責任を果たすこと

感謝行　『生命の實相』「觀行篇」にある「神想観の助業としての感謝行」等に詳しい。本全集第十五巻第六章参照

められ日記《にっき》というものを、昨年《さくねん》の夏頃《なつごろ》からずっと続けさしております。そうしまする と、それからというものは、御家庭《ごかてい》から非常《ひじょう》に喜《よろこ》ばれて、先生《せんせい》、家庭《かてい》が明《あか》るくなりました、子供《こども》のために明るくして頂《いただ》きました、子供に教《おし》えられるところがたくさんありますと、かように言うて下《くだ》さる方《かた》が非常に多いのでございます。先達《せんだって》も父兄会《ふけいかい》でお越《こ》しになりました方《かた》が、涙《なみだ》を流して喜んでおられました。それは、女学校《じょがっこう》や中学校《ちゅうがっこう》へ行《い》っておる姉《あね》や兄《あに》が朝寝坊《あさねぼう》をしておるのに、尋常《じんじょう》五年《ねん》になる子供が早く起《お》きて、お母《かあ》さんの手伝《てつだい》をしてくれます。朝の拵《こしら》えから何《なに》から何《なに》までやってくれて、この冷《つめ》たいのに洗物《あらいもの》から、拭掃除《ふきそうじ》まで手伝《てつだ》うてくれます。ほかの兄や姉は、何《なに》もしないで寝《ね》ておるのに、その子だけがやってくれます。あまりいじらしいので、もう止《や》めるか止《や》めるかと思って見ておりますが、止《や》めないでずっと喜んで続けてやってくれます、とこう言って涙を流して喜んでくれておったのでございます。とにかく人《ひと》を喜ばせなければならない。そうしたら神様《かみさま》に褒《ほ》められるというと

いじらしい　けなげでいたわしい

ころから、喜《よろこ》んでその日記《にっき》を続けさしてもらうておるような次第《しだい》でございます。

頭注版㉖二〇〇頁

友人《ゆうじん》の善行《ぜんぎょう》をほめさせる

村山《むらやま》――その日記で思出《おもいだ》しましたが、私の持っておる子供《こども》……一年生《ねんせい》の子供ですが、その子供に善《よ》い事《こと》をしたのを見たら、先生《せんせい》に知らせなさいということを言っておきました。これまではです、どちらかというと、子供は悪い方《ほう》の事ばかりを、私の耳に入《い》れたがっておりました。いや誰々《たれたれ》さんがきょう寝《ね》坊《ぼう》をしてお父《とう》さんに叱《しか》られたとか、或《あるい》は店《みせ》の前《まえ》に立って何《なに》を喰《た》べておった、というようなことばかりを言うて来《き》ておりましたが、私が、この生長《せいちょう》の家《いえ》に入《はい》らして頂《いただ》いてから、悪い方面《ほうめん》は見ないという信条《しんじょう》からして、子供に、善《よ》い事をしているのを見たら先生に聴《き》かしてよ、悪い事は一切《いっさい》聴きません

信条　かたく信じて守っていることがら。信念

からね、と言っておきました。すると子供達《こどもたち》は、争《あらそ》うて自分《じぶん》のお友達《ともだち》の善《よ》い事《こと》、例《たと》えば、学校《がっこう》から帰って、弟《おとうと》や妹《いもうと》の世話《せわ》をしているのを見たから、先生《せんせい》にお聴《き》かせするとか、或《あるい》は又《また》、夜一人《ひとり》で寝《ね》た、いつもなら、お母《かあ》さんに抱《だ》かれて寝るのに、この頃《ごろ》は一人《ひとり》で寝るようになったから、お聴かせするというように、それぞれ善《よ》い事を、聴かせてくれるようになりました。それで私は、朝《あさ》の時間《じかん》をちょっと割《さ》きまして、子供《こども》の色々《いろいろ》な発表《はっぴょう》を聴き、そうして、その時《とき》に聴かせてくれた子供を褒《ほ》め、又善《またよ》い事をした子供も褒《ほ》めておるのですが、そうすると、ほかの子供もやはり褒《ほ》めてもらいたいから、善《よ》い事を探《さが》して来《く》る、又善《またよ》い事をすると、こういうことになりまして、これは一年《ねん》入学当時《にゅうがくとうじ》から継続《けいぞく》してやっておるのですが、案外好《あんがいい》いところの結果《けっか》を見ておるように私は信じております。で、これはいつまでも続けて行《い》きたいと思っております。

本部員《ほんぶいん》――横浜《よこはま》の浦島小学校《うらしましょうがっこう》へ行《ゆ》きましたら、教室《きょうしつ》の後《うしろ》に生徒《せいと》の名前《なまえ》を書

浦島小学校　大正九年創立の現在の横浜市立浦島小学校。昭和十年に講堂で著者による「本当の教育についての講演」が行われた。本全集第二十二巻「教育篇」参照

いた表《ひょう》が貼《は》ってありまして、それに善《よ》い事《こと》をした時《とき》には丸《まる》を入《い》れる、悪い事をした時には、一切丸《いっさいまる》を入れないというふうにしておりますが、僕《ぼく》は丸《まる》が何《なん》ぼ出来《でき》た、僕は十三出来たというわけで、非常《ひじょう》に喜《よろこ》んでその数《すう》を殖《ふ》やそうとしております。非常に結構《けっこう》なことでございますね。

神性《しんせい》を自覚《じかく》せしめて自信《じしん》をつける

大窪《おおくぼ》——私も褒《ほ》めてやって、大変成績《たいへんせいせき》の挙《あ》がった経験《けいけん》があります。それは尚《しょう》という名前《なまえ》の子供《こども》ですが、大変英語《えいご》の成績が悪かった。ところが或日《あるひ》読ませますると、非常に発音《はつおん》がうまく出来たのであります。それで私は皆《みん》なの前《まえ》で褒《ほ》めてやりました。あなたは大変発音がうまい、それはうまいはずだ、あなたの名前は西洋人《せいようじん》のジョージ・バーナード・ショウと同じ名前だからうまいのだ、とこう言ってやりましたら、ちょっと恥《はず》しかったか嬉《うれ》しかったか、う

頭注版㉖二〇一頁

ジョージ・バーナード・ショウ　George Bernard Shaw 一八五六～一九五〇年。アイルランドの劇作家・評論家。代表作に『ピグマリオン』、ノーベル文学賞を受賞した『聖女ジョウン』などがある

つむいて赤い顔《かお》をしておりましたが、それからというものは、その子供《こども》の成《せい》績《せき》が、どんどん良《よ》くなって来《き》ました。本当《ほんとう》に発音がうまくなって来《き》たのです。英語《えいご》の成績は、一学期《がっき》の時《とき》は、四十幾点《いくてん》、大変《たいへん》悪かったのですが、二学期の時には、八十幾点取《いくてんと》っておりましたことを記憶《きおく》しております。そういう工合《ぐあい》に、良《よ》いところをどこかに見附《みつ》けて、それを褒《ほ》めてやりましたら、子供は神の子ですから、その通《とお》り本当に良《よ》くなって行《ゆ》くのでございます。もう一人江戸《ひとりえど》という子がございますが、この子は或時英作《あるときえいさく》が上手《じょうず》に作れましたので褒《ほ》めてやりました。ところがそれから二、三日経《た》って、大変試験《しけん》のことを心配《しんぱい》しておりましたから、生長《せいちょう》の家《いえ》の教《おしえ》を話してやりまして、あなたは神《かみ》様《さま》の子だ、阿弥陀様《あみださま》の子だ、だから限《かぎ》りなき力《ちから》があるのだ、無限《むげん》の力があるのであるから、決《けっ》して試験のことなんか心配する必要《ひつよう》はない。試験に臨《のぞ》めば必《かなら》ずよく出来《でき》る智慧《ちえ》が湧《わ》いて来《く》ると、こういうふうに話をしてやりましたら、二学期には成績がぐんぐん上《あが》りまして、遂《つい》にB組《ぐみ》の二番《ばん》になって、今《いま》では副《ふく》

英作　英作文の略

級長《きゅうちょう》になっております。そういう工合《ぐあい》に褒《ほ》めるということは非常《ひじょう》に力《ちから》がある。良《よ》い言葉でもって子供《こども》を導《みちび》いてやる。自己暗示《じこあんじ》を与えてやるということが、非常に生徒《せいと》の成績《せいせき》なんかを向上《こうじょう》せしむる上《うえ》に力があると思っております。

教《おし》えて教えらるる有難《ありがた》さ

頭注版㉖二〇三頁

宮脇《みやわき》――折角《せっかく》の機会《きかい》でございますので、一口《ひとくち》私も申述《もうしの》べさして頂《いただ》きたいと思います。私の教育《きょういく》の歩みと申《もう》しましょうか、私の行《ゆ》き方《かた》は、本当《ほんとう》に愛の教育でなければならないと、こう私は考えています。本当に子供が良《よ》くなる、子供の成績が向上するということは、先《さき》ほどから先生方《せんせいがた》がたくさんお話されましたように、本当に自他一体《じたいったい》になった時《とき》、子供の気持《きもち》と先生《せんせい》の気持《きもち》がピタッと合《あ》った時、子供の成績というものは、本当に向上するものだということをしみじみ考えております。私は生徒《せいと》に対《たい》して、今《いま》までとって来《き》た自分《じぶん》のこれまでの気持《きもち》を振返《ふりかえ》って、自分は悪く言えば、生徒に対して感謝《かんしゃ》を売っていた自分の心が、この生長《せいちょう》の家《いえ》に入《はい》らして頂《いただ》いてから、洵《まこと》に恥《はずか》しくなったのでございます。生徒を教《おし》えることによって、自分自身《じぶんじしん》の得《う》るところが非常《ひじょう》に多いという事《こと》を感謝し、又《また》生徒がすくすくと生長して行《ゆ》くのを眺《なが》めては、何《なん》とも言えない嬉《うれ》しさに浸《ひた》っておるのでございます。或日《あるひ》私は生徒に対して懺悔《ざんげ》をしました。本当《ほんとう》に私はあなた方《がた》に対《たい》して今《いま》まで悪いことを考えておりました。それはあなた方《がた》を本当に良《よ》くしたい良くしたいと考えておりましたが、本当は私はあなた方《がた》を教えることによって、私自身《わたしじしん》が教えられておるのです。あなた方《がた》に私は教えられておるのですから、私はあなた方《がた》に向《む》って感謝しなければならない、とそういうふうに生徒に対して懺悔《ざんげ》を致《いた》しまして、自《みずか》ら生徒に対して非常に優《やさ》しく接《せっ》するようになりました。ところが今まで出来《でき》なかったような子供《こども》もだんだんよくなって来《き》ました。私の学校《がっこう》は実修学校《じっしゅうがっこう》

実修学校　技術方面の修得に重きを置く学校

で相当成績不良《そうとうせいせきふりょう》の子も多いですが、私が考えを持ちかえ、強い信念《しんねん》をもって本当《ほんとう》にやれば、劣等児《れっとうじ》に等《ひと》しいような子供《こども》でも、ぐんぐん向上《こうじょう》して参《まい》りました。これは奇蹟《きせき》だと、全《まった》く不思議《ふしぎ》に思ったような時《とき》さえある位《ぐらい》でした。私はもう本当に子供に対して感謝《かんしゃ》すること、自分自身《じぶんじしん》が感謝することが一番《ばん》だと思っております。

絶対不叱責主義《ぜったいふしっせきしゅぎ》

宮脇《みやわき》――私のとっております主義《しゅぎ》と申《もう》しますか、それは、もう絶対《ぜったい》に怒《おこ》らないということにしております。そうしますと、あちらからもこちらからも批《ひ》難《なん》が出《で》やしないかということになりますが、私は、その批難がもしありましたならば、それは私の心の影《かげ》だと思っております。総《すべ》ての人《ひと》の実相《じっそう》は本当に立派《りっぱ》なものであると、こう考えて行《ゆ》きまするといくら子供が騒《さわ》いでいて

頭注版㉖二〇四頁

も、或《あるい》は人《ひと》がどんな蔭口《かげぐち》を言っても、それは本当《ほんとう》に感謝《かんしゃ》して受けなければならないと、かように私は考えております。あんなに子供《こども》が騒《さわ》いだりするのは、私の心に何《なに》か騒ぎがあるからに違《ちが》いない。私の心が騒いでおるから、それを子供が鏡《かがみ》としてあんなに騒ぐのであろう。この事《こと》に気附《きづ》かして頂《いただ》いたことは、洵《まこと》に有難《ありがた》いことだと子供に感謝します。又《また》あの人があゝいう態度《たいど》に出《で》て来《く》るのは、何《なに》か私に至《いた》らぬ点《てん》があるからだと、こう考えて修養《しゅうよう》さして頂く。小さい事でありまするが、机《つくえ》の中《なか》が整理《せいり》されてない、これが一《ひと》つの影《かげ》となって、子供があんなに騒ぐのであろう。或《あるい》は又押《またおし》入れの中《なか》が整理されていないので、騒ぐのだろうとこれも整理します。夜《よる》休む時《とき》でも、急《いそ》ぐ時にはつい着物《きもの》を掛《か》けるような気になりますが、これもきちっと畳《たた》まして頂こうと、こういうふうに考えさせられまして、むしろ騒いでおる子供に対《たい》して、感謝の念《ねん》が湧《わ》いて来《く》るようになるのであります。私の心が本当に整《ととの》いました時には、生徒《せいと》が粛然《しゅくぜん》としてその態度を改《あらた》め、私と本当にピッタリ一致《いっち》した気持《きもち》

粛然　静かで行儀正しいさま

になって、そうして、成績《せいせき》がずんずん向上《こうじょう》して来《く》るものと、かように考えまして、非常《ひじょう》に嬉《うれ》しいことだと思っておる次第《しだい》でございます。その一《ひと》つの例《れい》と致《いた》しまして、非常に素行《そこう》が悪いと申《もう》しますか、ほかの子供《こども》と仲善《なかよ》くしない子供がありました。それで始終《しじゅう》ほかの子供が私に対《たい》して、先生《せんせい》もっときびしく叱《しか》って下《くだ》さい、と申しますのですが私は、いいえ、あの人《ひと》は本当《ほんとう》の相《すがた》はよいのですけれども迷《まよ》っていらっしゃるからああなんです。あなた方《がた》も決《けっ》してあの人は悪い人だというふうに考えないで下さい。最後《さいご》まで忍《しの》ぶ者《もの》は救《すく》われるという、谷口先生《たにぐちせんせい》のお言葉を天徠《てんらい》の御声《みこえ》と信じて、見守《みまも》って深切《しんせつ》に接《せっ》している中《うち》に、遂《つい》に悦《よろこ》びの日《ひ》が参《まい》りました。或日《あるひ》のこと、私がちょっと申しました言葉によって、その子供が翻然《ほんぜん》と悟《さと》りまして、心からしみじみ詫《わ》びて来《き》ました。本当に嬉しい気持《きもち》になったのでございます。こんな嬉しい実例《じつれい》をいくつも持っております。

素行　平素のおこない

天徠　天から天降ること

翻然　急に心を翻すさま。急に心を改めるさま

今《いま》までの教壇生活《きょうだんせいかつ》は反対《はんたい》のことばかり

奥野《おくの》――私はちょっと毛色《けいろ》の変《かわ》ったことを申上《もうしあ》げたいと思います。私は近藤《こんどう》先生《せんせい》と同じ学校《がっこう》に勤《つと》めておる者《もの》でございますが、教育界《きょういくかい》に足を踏入《ふみい》れたのは明治《めいじ》三十七年《ねん》でございます。それから二十年ばかりやりまして、そうして只今《ただいま》の学校へ来《き》ましてから、十年ほどになります。で、只今《ただいま》の学校へ参《まい》りましてからは、まあ直接子供《ちょくせつこども》に教《おし》えるということでなしに、会計《かいけい》の方《ほう》の主任《しゅにん》をやっております。昨年《さくねん》の春《はる》でございました。新聞《しんぶん》の広告《こうこく》によりまして『生命《せいめい》の實相《じっそう》』ですね、それの書店版《しょてんばん》を買いまして、ひだるい腹《はら》に御飯《ごはん》を掻込《かきこ》むような調子《ちょうし》で、出来《でき》るだけ一所懸命《いっしょけんめい》に読んで来《き》たのでございます。そうしたところが段々面白《だんだんおもしろ》くなって参《まい》りまして、近藤先生とも話合《はなしあ》いまして、これは教育《きょういく》の教授法《きょうじゅほう》というものなんかも、少《すこ》し考えてみにゃいかんぞというよ

頭注版㉖二〇六頁

毛色　種類や性質

書店版　『生命の實相』全集の各巻を単行本の形で刊行したもの。例えば本篇「人を作る教育」は『教育実践篇』のタイトルで発売された

ひだるい　空腹だ。ひもじい

うなことも、寄《よ》り寄《よ》り話しておりましたら、『生命《せいめい》の教育《きょういく》』というものが創《そう》刊《かん》されましたので、早速《さっそく》それを書店《しょてん》から取寄《とりよ》せて読まして頂《いただ》いて、一層面《いっそうおも》白《しろ》くなって来《き》ますると同時《どうじ》に、過去《かこ》を振返《ふりかえ》ってみまするというと、私共《わたしども》が二十年間《ねんかん》やって来《き》たことは、最前《さいぜん》どなたか仰《おっ》しゃったように、まるっきり反《はん》対《たい》なことをしておった、ということに気が附《つ》きまして、実《じつ》に恥《はずか》しく感《かん》じたような次第《しだい》でございます。で、私自身《わたしじしん》としては、直接授業《ちょくせつじゅぎょう》なんか致《いた》しませんので、これを一《ひと》つ応用《おうよう》すべく、今度女学校《こんどじょがっこう》へ入《はい》ろうという女の子供《こども》があるので、その子に、去年《きょねん》の二学期《がっき》の初《はじ》めから手をかけました。

寄り寄り　折々。ときどき

知恵《ちえ》をかぶせる蓋《ふた》をあけよ

頭注版㉖二〇七頁

奥野《おくの》——その親《おや》はどうしても、女学校へ入《い》れなければならぬというので一所《いっしょ》懸命《けんめい》である。成績《せいせき》はどうかと申《もう》しまするると、あまり良《よろ》しくない。それを入《い》れなければならぬ、というのですから、随分《ずいぶん》まあ難《むつか》しい話です。そこで私はその子に対《たい》して、あなたは知恵《ちえ》をたくさん有《も》っておるんだが、あなたはそれに蓋《ふた》をしておるからいけない。その蓋《ふた》を取《と》って出しさえすればいくらでも出るのだということを言いきかせ、母親《ははおや》にも話をしました。それがきっかけとなりまして、二学期《がっき》の初《はじ》めから段々《だんだん》と成績《せいせき》が好《よ》くなって来《き》ました。そうしてこの間《あいだ》の、二学期の末《すえ》の成績を見ますると、平均《へいきん》が八十点《てん》以上《いじょう》になっておるのですね。それからまあ、三学期になりまして、二月《がつ》の何日《なんにち》かの堂《どう》ビルの模擬試験《もぎしけん》に応試《おうし》させてみました。ところがこの堂《どう》ビルの模擬試験というのは、大変《たいへん》に難《むつか》しいそうです。それで或人《あるひと》は、ああいう所《ところ》へやったら、大変難《むつか》しいから、出来《でき》る者《もの》はよいけれども、もし出来なかったら却《かえ》って子供《こども》が萎縮《いしゅく》する。で、まあやらない方《ほう》がよいだろうと、こういうふうに注意《ちゅうい》してくれたそうであります。で、その事《こと》につきまして、母親が私にどうしたものでしょうか、と相談《そうだん》に見えたものですから、私は、いやそんなことはない、やりな

堂ビル　大阪市北区にある堂島ビルヂング
応試　試験を受けること

さい、試験《しけん》を受けさせなさいと、こう言って続けて二度《ど》やらせました。なるほど問題《もんだい》は中々《なかなか》難《むつか》しい、難《むつか》しいのですが、その子は八十二、三点《てん》取《と》っているので、その子供《こども》を呼《よ》んで、中々《なかなか》あんたはよくやっておる、これだけ出来《でき》ておれば大丈夫《だいじょうぶ》だ。こんな難《むつか》しい問題は私でも知らない。それをこんなに書けたのだから、あんたは中々偉《なかなかえら》いぞ、と言って褒《ほ》めてやったのです。そうしてこの間《あいだ》いよいよ女学校《じょがっこう》の方《ほう》へ志願《しがん》しましたところが、内申《ないしん》の成績《せいせき》もなかなか優秀《ゆうしゅう》になっているという事《こと》です。これも二学期《がっき》の初《はじ》めに私が、前《まえ》のようなことを言って、聴《き》かしたために成績が向上《こうじょう》したということは確《たしか》な事実《じじつ》なんですね。

授業《じゅぎょう》料《りょう》完納《かんのう》の妙法発見《みょうほうはっけん》

奥野《おくの》――一《ひと》つここに私の職掌柄《しょくしょうがら》から見て面白《おもしろ》い事実があるのです。それは

頭注版㉖二〇九頁

妙法　うまい方法。たくみな手段

職掌柄　担当する職務上。仕事柄

最前仰《さいぜんおっ》しゃったように怒《おこ》らないという事《こと》に関連《かんれん》したことです。私は会計《かいけい》の主《しゅ》任《にん》ですから、毎月《まいげつ》九百人《にん》の生徒《せいと》の授業料《じゅぎょうりょう》を徴収《ちょうしゅう》しております。しかも毎《まい》月十日《つきとおか》に必《かなら》ず納《おさ》めなければならない規定《きてい》ですが、ややもすると、三十日《にち》になっても納めない子供《こども》があるのです。去年《きょねん》なんかは卒業間際《そつぎょうまぎわ》になっても、まだ納まらぬ子供がありました。県立学校《けんりつがっこう》ですので、授業料の徴収が遅《おく》れますと、非常《ひじょう》に厄介《やっかい》なことになるのであります。で、もしそういうような場合《ばあい》には、所属《しょぞく》の市町村長《しちょうそんちょう》に委託《いたく》して督促《とくそく》をしてもらうということになっておるのですけれども、親《おや》に恥《はじ》を掻《か》かせたくありませぬから、なるべく自分《じぶん》の方《ほう》で徴収するようにしておるのであります。ところがどうしても持って来《こ》ないというとやはり腹《はら》が立つのです。子供を呼付《よびつ》けて、ボロカスに言って叱《しか》ったものです。ところがそういう工合《ぐあい》にすると余計《よけい》に持って来《こ》ないのですね。（笑声《しょうせい》）しかるところ、この『生命の實相《せいめいのじっそう》』を読まして頂《いただ》き、引続《ひきつづ》いて『生命の教育《せいめいのきょういく》』『生命の藝術《せいめいのげいじゅつ》』を読まして頂くようになってからは、これ

委託　事務処理などを他の人や機関に代わりにしてもらうこと

督促　支払いなど、約束した事を実行するように促すこと

しかるところ　そんな時に

『生命の藝術』　昭和八年八月創刊の月刊誌。著者の思想に共鳴していた佐藤彬らが設立した「生命の藝術社」より発行した

はあまりに怒《おこ》ったらいかぬ、ということに気が附《つ》きましたので、それからというものは、たとい納《おさ》めぬ子供《こども》があっても怒《おこ》らないようにしました。まあ呼《よ》ぶことは呼びますが、やんわりと静かに話をしてやる。又葉書《またはがき》で督促《とくそく》する場《ば》合《あい》にも洵《まこと》に面倒《めんどう》じゃけれど、どうぞ納めて下《くだ》さいというふうにして葉書を出しております。すると面白《おもしろ》いことには、その以後《いご》からは翌月《よくげつ》に延《の》びるというものがなくなりました。で、これは非常《ひじょう》に面白《おもしろ》い現象《げんしょう》だと思って大変喜《たいへんよろこ》んでおります。最前山村先生《さいぜんやまむらせんせい》が仰《おっ》しゃったように、叱《しか》るということが一番《ばん》悪いことだということを深く感《かん》じて、その点《てん》非常に喜んでおるのでございます。

たとい　「たとえ」に同じ

教場《きょうじょう》に臨《のぞ》む時《とき》の教師《きょうし》の心

頭注版㉖二一〇頁

上野《うえの》――教師の心に烈々《れつれつ》と愛が燃《も》えておりましたら、何《なに》を言っても恐《おそ》れ惑《まど》うところなく、その言う言葉が総《すべ》て益《えき》をなすものと思います。ですから先《ま》ず自《みずか》

烈々　勢いの激しいさま
益をなす　ためになる

らが愛の人《ひと》、信仰《しんこう》の人でありたいと願《ねが》っております。教壇《きょうだん》に立ちまして初《はじ》めてお辞儀《じぎ》をする時《とき》、教師《きょうし》と生徒《せいと》の間《あいだ》に流れている調和《ちょうわ》、平和《へいわ》の精神《せいしん》が、その時間《じかん》を非常《ひじょう》に支配致《しはいいた》しますから、お辞儀《じぎ》をする時に教室《きょうしつ》の空気《くうき》が和《なご》やかであれば、必《かなら》ずその時間は成功致《せいこういた》します。で鐘《かね》が鳴《な》って教員室《きょういんしつ》を出る時には、静かに調和を念《ねん》じて出ることにしております。そうして大抵《たいてい》の場合《ばあい》時間の初《はじ》めに凝念《ぎょうねん》をさせます。凝念《ぎょうねん》と申《もう》しますると、姿勢《しせい》を正しくさせて、目をつぶって、心の中《なか》で「山上《さんじょう》の垂訓《すいくん》」を静かに申《もう》させます。キリスト教《きょう》の学校《がっこう》でありますから、皆《みな》「山上の垂訓」を暗記《あんき》しております。それを生徒に申させます。そうして私がよろしいと申しますると、初めて目を開《あ》けるのですが、大変《たいへん》にそれがよいように思われます。

個人面接指導《こじんめんせつしどう》に工夫《くふう》する

凝念　一つのことに思いを集中すること。また、その思い

「山上の垂訓」　『新約聖書』「マタイ伝」第五章〜七章にあるキリストの教え。ガリラヤ湖畔の山上で説いた。著者は『生命の實相』「聖典講義篇」で解説している

頭注版㉖二一一頁

上野《うえの》――尚今学期《なおこんがっき》から毎日二人《まいにちふたり》ずつ生徒《せいと》に会《あ》う事《こと》にしております。お昼《ひる》の時《じ》間《かん》と放課後《ほうかご》に会う事にしておるのですが、初《はじ》めの間《あいだ》は、成績《せいせき》の悪い子、お転《てん》婆《ば》な生徒は叱《しか》られると思ってか、非常《ひじょう》に恐《おそ》れをなしたらしいようです。ところがその反対《はんたい》に生徒の長所《ちょうしょ》は、こういうふうにすればいよいよ発揮出来《はっきでき》る。本当《ほんとう》にあなたは素直《すなお》な良《よ》い子《こ》だというふうに、一人一人《ひとりひとり》の長所を認《みと》めて、それを褒《ほ》めるようにして参《まい》りましたので非常に安心《あんしん》して、大変喜《たいへんよろこ》ぶようになりました。この個人指導《こじんしどう》が全部終《ぜんぶおわ》りまして、みんな前《まえ》よりも溌溂《はつらつ》とした元気《げんき》になり、非常に和《なご》やかな精神《せいしん》を有《も》つようになりまして、教室《きょうしつ》の気分《きぶん》は以前《いぜん》より非常に親《した》しみを増《ま》して、皆《みな》お辞儀《じぎ》をするようになり、私大変喜んでおる次第《しだい》でございます。先達《せんだっ》ても保護者会《ほごしゃかい》を致《いた》しましたら、たくさん親《おや》御《ご》さん達《たち》が見えられましたが、中《なか》に面白《おもしろ》い事を言う親御《おやご》さんがありました。「私の娘《むすめ》がね、『お母《かあ》さん、学校《がっこう》へ行《い》っても私の悪口《わるぐち》を言っちゃ駄目《だめ》よ、私の先生《せんせい》は、ちっとも悪口《わるぐち》を仰《お》っしゃらないからお母さんが悪口《わるぐち》を言うと、このお母《かあ》さんはわけの分《わか》らない人《ひと》やと思われるよ』（笑声《しょうせい》）と、かように娘《むすめ》が申《もう》しました」と言われたお母さんもございました。又或《またある》お母さんは「私は無《む》教育《きょういく》でございますので、女学校《じょがっこう》へ行《い》って先生《せんせい》に会《あ》うのが困《こま》ると申しましたら、娘が、『うちの先生はお母さんに教育《きょういく》があろうがなかろうが、そんなことは何《なん》とも思わない先生ですから、大きな顔《かお》をして行《い》ったらよい。是非《ぜひ》行《い》ってくれ』と申しますので参《まい》りました」と、かように申しますお母さんもございました。それを聴《き》きまして、生徒《せいと》がそこまで認《みと》めてくれれば、まあ私も安《あん》心《しん》だと思って非常《ひじょう》に喜《よろこ》んだわけでございます。

頭《あたま》、手、足、三拍子《びょうし》揃《そろ》った生活《せいかつ》

上野《うえの》——私が教員生活《きょういんせいかつ》に這入《はい》ってから二十年《ねん》ほどになりまするが、今《いま》まではあまりに頭の人であり過《す》ぎた。手と足を働《はたら》かすことが足《た》りなかったと反省《はんせい》

頭注版㉖二一二頁

しています。どうしても、頭《あたま》、手、足、この三拍子《びょうし》揃《そろ》って働《はたら》く人間《にんげん》でなければ駄目《だめ》だということを深く感《かん》じて、この頃《ごろ》では朝早く起《お》きて、自《みずか》ら雑巾《ぞうきん》を持って女中《じょちゅう》の手伝《てつだい》をしておりますが、この効果《こうか》はどこに現《あらわ》れますか、これは今後《こんご》の問題《もんだい》でございます。働いて行《ゆ》こうという考《かんがえ》でおります。

朝会《ちょうかい》の訓話《くんわ》をよく聴《き》く

荻内《おぎうち》――私も相当永《そうとうなが》らくこの仕事《しごと》に従事《じゅうじ》しておりますが、振返《ふりかえ》ってみまする と、最前《さいぜん》どなたからかお話がありましたように、本当《ほんとう》に教育《きょういく》をしたのでなく、子供《こども》を壊《こわ》して来《き》たと（笑声《しょうせい》）いうようなことばかりであります。昨年《さくねん》の夏休《なつやすみ》の時分《じぶん》、新聞広告《しんぶんこうこく》で『本当《ほんとう》の教育《きょういく》』という本を知り、それからそれを夏休中《なつやすみじゅう》に読んで、誌友《しゆう》にさして頂《いただ》いておるのであります。私は職掌柄《しょくしょうがら》、教室《きょうしつ》に於《おい》て実際教授《じっさいきょうじゅ》はやっておりませんが、次第《しだい》にこの「生長《せいちょう》の家《いえ》」の

頭注版㉖二一三頁

朝会　学校や職場などで朝に行う集会。朝礼

訓話　教えさとす話

『本当の教育』　昭和十年、光明思想普及会刊。黒布表紙版『生命の實相』第七巻「教育篇・倫理篇」がこのタイトルでも発売された

趣旨《しゅし》が分《わか》りかかって来《き》まして、従《したが》って、私の心境《しんきょう》が大変変《たいへんかわ》って来《き》たように思います。永《なが》い間《あいだ》の教員生活《きょういんせいかつ》の中《うち》で、近頃《ちかごろ》ほど嬉《うれ》しく暮《くら》しておる時《とき》はありませぬ。朝会《ちょうかい》なんかの時でも、私は頗《すこぶ》る話が拙《まず》いのでありますが、近頃は非常《ひじょう》に、子供《こども》が拙《まず》い話をよく聴《き》いてくれるようになりました。以前《いぜん》は子供のあらばかりを探《さが》して来《き》て話をしていたのが、近頃は反対《はんたい》に、努《つと》めて善《よ》い事《こと》を探して来《き》てそれをみんなに紹介《しょうかい》するというばかりでなく、前《まえ》に並《なら》んでおる子供は総《すべ》て神様《かみさま》の子である、仏様《ほとけさま》の子であるというような気持《きもち》になって話をするからであろうかと思っておるのであります。しかしまだ、私の学校《がっこう》では私のみそういう気持《きもち》でやっておるだけでありまして、ほかの先生方《せんせいがた》には私が生長《せいちょう》の家《いえ》の本を読んでおるということは、何《なに》も言っておりませぬ。いずれ近い中《うち》には学校にも、幼稚園《ようちえん》の方《ほう》にも全集《ぜんしゅう》を備《そな》えるようにしまして、先《せん》生方《せいがた》にも色々勧《いろいろすす》めて共鳴《きょうめい》して頂《いただ》くようにしたいと考えております。

あら　人の言動や作品などのよくないところ。欠点

全集　昭和十年に光明思想普及会より発行された『生命の實相』全集。その後、全一巻本、九巻本、十三巻本、二十巻本、四十巻本等の各種の全集が発行され、本全集「新編」に引き継がれている

卒業期《そつぎょうき》の児童《じどう》をかく指導《しどう》する

荻内《おぎうち》――それから卒業生《そつぎょうせい》だけでも、顔《かお》と名前《なまえ》とを一致《いっち》させるようにしたいと思いまして、毎日《まいにち》五、六人《にん》ずつ私の方《ほう》へ寄越《よこ》してもらいまして一時間《じかん》ぐらいずつ懇談《こんだん》しておるのであります。初《はじ》めの間《あいだ》は、子供《こども》が校長室《こうちょうしつ》へ来《く》る事《こと》をあまり喜《よろこ》ばなかったようでありましたが、この頃《ごろ》では、子供が非常《ひじょう》に喜んでくれるようになりまして、その順番《じゅんばん》を待ってくれておるそうであります。この時《とき》まあ多少生長《たしょうせいちょう》の家《いえ》のことを具体的《ぐたいてき》に、言葉に現《あらわ》すような話のし方《かた》をしておるのであります。最近《さいきん》では入学試験《にゅうがくしけん》を受ける子供もだんだん混《まじ》って来《き》ますので、決《けっ》して試験《しけん》に臨《のぞ》んでも慌《あわ》ててはいかぬ。神様《かみさま》の子供であって、うんと力《ちから》があるのだから、落着《おちつ》いてやるように、というふうに言って聞かせておるのでありますが、非常に皆《みな》喜んで帰るようであります、それから私の

頭注版㉖二一四頁

家族《かぞく》の者《もの》も風邪《かぜ》一《ひと》つひかず、偏食《へんしょく》だった二年生《ねんせい》の子供《こども》もそれが直《なお》り、健康《けんこう》にもなって成績《せいせき》も向上《こうじょう》して来《き》ました。大変恩恵《たいへんおんけい》をうけて感謝《かんしゃ》しております。

本部員《ほんぶいん》——非常《ひじょう》に結構《けっこう》なお話でございました。私共《わたしども》にとりましては、ただ校長先生《こうちょうせんせい》が生長《せいちょう》の家《いえ》の思想《しそう》に共鳴《きょうめい》されていられるというだけでなしに、学《がっ》校《こう》の先生全体《せんせいぜんたい》にこの生長《せいちょう》の家式《いえしき》の教育《きょういく》をして頂《いただ》きまして、ここに一つ本当《ほんとう》の教育の模範的《もはんてき》な学校をつくって頂きたいということが、私共《わたしども》の切望《せつぼう》しているところでございますから、この上《うえ》ともどうぞ御尽力願《ごじんりょくねが》います。

荻内《おぎうち》——是非《ぜひ》そうしたいと思っておるのでございます。

明るい心、善《よ》い言葉、真心一杯《まごころいっぱい》、力一杯《ちからいっぱい》

鶴我《つるが》——私が『生長の家』を読み出しましたのは、昨年《さくねん》の三月《がつ》の終《おわ》りのこと

偏食 好き嫌いが激しく、えりごのみして食べること

切望 心から強く望み願うこと

頭注版㉖二一五頁

であります。四月《がつ》に国民会館《こくみんかいかん》で講演会《こうえんかい》がありましたが、その時《とき》に、横浜《よこはま》の浦《うら》島小学校《しましょうがっこう》で或先生《あるせんせい》が組《くみ》の標語《ひょうご》としてこういう標語を使った。即《すなわ》ち、「明るい心、よい言葉、力一杯《ちからいっぱい》」と、こういう標語を使って、その結果《けっか》が非常《ひじょう》に好《よ》かったというお話を伺《うかが》いましたので、私も昨年《さくねん》の四月から、「明るい心、よい言葉、真心一杯《まごころいっぱい》、力一杯《ちからいっぱい》」と、こういう標語を拵《こしら》えまして、組の生徒《せいと》に本当《ほんとう》に、お互《たがい》に明るい心でよい言葉を使い、善《よ》い事《こと》を行《おこな》ってゆこう、ということを申《もう》し聞かせて進んで来《き》たのであります。そうして毎週《まいしゅう》一回反省会《かいはんせいかい》というものを開《ひら》きまして、各々反省《おのおのはんせい》を致《いた》しますのですが、はじめは悪い方面《ほうめん》の事を持寄《もちよ》って反省するというふうに、どうも消極的《しょうきょくてき》になりがちでありますから、この頃《ごろ》では、なるべく善《よ》い方《ほう》を見よう、そうしてみんなで善《よ》い事をやって行《ゆ》こう。そうして善《よ》い事を見たり、善《よ》い事を行《おこな》ったら、それは修養日誌《しゅうようにっし》に書くことにして来《き》ましたら、非常に結果が好《よ》くなって来《き》たのでございます。成績《せいせき》の方《ほう》も、大抵《たいてい》の者《もの》が前学期《ぜんがっき》よりも好《よ》くなっておるのです。しかしま

国民会館　昭和七年に武藤山治が設立した社団法人國民會館が同八年に大阪城の前に建設したビル。千二百名を収容できる、当時としては数少ない施設であった

だまだ実相《じっそう》の観方《みかた》が足《た》らないがために、充分《じゅうぶん》なる効果《こうか》を挙《あ》げ得《え》ないのですが、それは生徒《せいと》と私との間《あいだ》に、本当《ほんとう》の自他一体《じたいったい》という感《かん》がまだ充分に出ていないからだと考えて、反省《はんせい》しておるわけでございます。

感謝《かんしゃ》の雰囲気《ふんいき》を充満《じゅうまん》させる

吉田《よしだ》――私はちょっと皆《みな》さんに盲唖方面《もうあほうめん》の別天地《べってんち》の事《こと》を申《もう》さして頂《いただ》きたいと思います。私は学校《がっこう》に一《ひと》つの雰囲気があり、もう一つ、学級《がっきゅう》に一つの雰囲気があるということが、一番大切《ばんたいせつ》な事だと思います。その雰囲気に包《つつ》まれて育《そだ》った子供《こども》は、無言《むごん》の中《うち》に素直《すなお》にすくすくと、伸《の》びて行《ゆ》くということを、かつて心身訓練《しんしんくんれん》教育《きょういく》という、谷口先生《たにぐちせんせい》のお書きになりましたものを、読まして頂いてそう感《かん》じておるわけでございます。大体不具《だいたいふぐ》の子供は、感謝するという気持《きもち》がどうしても足《た》らない。不平《ふへい》を言《い》う、世《よ》を呪《のろ》うという気持《きもち》が、多

頭注版㉖二一六頁

盲唖 目の見えないことと口のきけないこと

別天地 全く様子の違った場所。別世界

不具 体の一部に障害があること

くありますから、学校全体《がっこうぜんたい》がとにかく、感謝《かんしゃ》するという気持《きもち》でやってみたいと考えています。それで先《ま》ず朝学校《あさがっこう》へ来る時《とき》には、必《かなら》ず、又《また》きょうも一日《にち》お世話《せわ》になりますと、こう言って校門《こうもん》を這入《はい》り、校舎《こうしゃ》に礼《れい》をさせ、また帰る時にも、きょう一日お世話になりまして、有難《ありがと》うございましたと、こう言って校門を出て校舎に礼をさせる。こういう事《こと》を毎日実行《まいにちじっこう》させておるのであります。それから朝会《ちょうかい》では先《ま》ず祖先《そせん》の遥拝《ようはい》をしてきょうも一所懸命《いっしょけんめい》勉強《べんきょう》いたしますということを、祖先の霊《れい》に申上《もうしあ》げさせます。難《むつか》しい言葉ではよう言いませんので、やさしい言葉でそれを言わさせ、それから「さしのぼる朝日《あさひ》の如《ごと》くさわやかにもたまほしきは心なるかな」という御製《ぎょせい》を拝誦《はいしょう》させます。又《また》この御製《ぎょせい》は聾唖《つんぼ》の子供《こども》にも簡単《かんたん》な言葉でこれを拝誦《はいしょう》させまして、そうしてその日《ひ》の出発点《しゅっぱつてん》とします。それから又食事《またしょくじ》の時《とき》には、合掌《がっしょう》して神様有難《かみさまありがと》うございますと、みんなに言わしめ、そうして喰《た》べるようにさせております。で、まあここまでは学校全体《がっこうぜんたい》の訓練《くんれん》として、全部一斉《ぜんぶいっせい》にやらせまするが、そ

遥拝　遠く離れた場所から拝むこと
「さしのぼる…」　教科書、唱歌、詩吟、おみくじ等で広く国民に親しまれてきた明治天皇御製。明治四十二年歌御会始御題「日」。最後の部分は「心なりけり」で知られている
もたまほしきは　持ちたいものは
御製　天皇陛下が詠まれた和歌
拝誦　つつしんで読むこと
聾唖(ろうあ)　耳が聞こえず、言葉が話せないこと

れからのことについては私は、ほかの職員《しょくいん》に向《む》って指揮《しき》はしませぬ。

神様《かみさま》のお言葉は皆聞《みなきこ》えます

吉田《よしだ》――しかし私は大体自分《だいたいじぶん》に暇《ひま》がありますので一学級《がっきゅう》を担任《たんにん》しておりますから、私のやっておる学級はこうやっておる。それは、教室《きょうしつ》へ這入《はい》りますると、聾唖《つんぼ》の子供に簡単《かんたん》な言葉で祈《いのり》をさせます。その時《とき》には私は招神歌《かみよびうた》を唱《とな》えます。そうして子供達《こどもたち》には、「私共《わたしども》は神の子であります。だから神様のお言葉はみんな聞《きこ》えます」と、こういうことを言わせております。聾唖《つんぼ》の子供は何《なに》も聞《きこ》えないのですから、高低《こうてい》がちっとも出来《でき》ないのであります。まるっきり節《ふし》なし、ねぶかの唱歌《しょうか》です。強弱《きょうじゃく》の方《ほう》は、訓練次第《くんれんしだい》できちっと合《あ》うようになりますから、音律《おんりつ》はつきまするが、高低がさっぱり出来ないのであります。ところが、先《さき》ほど申《もう》しましたようなことを試《こころ》みるようになりまして

頭注版㉖二一七頁

招神歌　神想観を始める時にとなえる和歌四首のこと。本全集第十四巻「観行篇神想観実修本義」上巻参照

ねぶかの唱歌　「ねぶか」は「ねぎ」のことで、ねぎには節がないことから、歌の節回しのへたなこと。歌のへたな人。根深節

音律　音楽の調子。リズム

から、その音域《おんいき》がかなり殖《ふ》えて来《き》たように思うのです。この間《あいだ》も名古屋《なごや》の方《ほう》の学校《がっこう》から参観《さんかん》に来《こ》られました時《とき》に、その先生達《せんせいたち》は、これは不思議《ふしぎ》だ。聾唖《つんぼ》の子供《こども》に音域が出来《でき》たということは、不思議だと言っておられました。この音域が出来て来《き》たということは、全《まった》く私が先《さき》ほど申《もう》したような事《こと》を試《こころ》みるようになってから出来て来《き》たので、その為《ため》だということを深く信じておるわけであります。他《た》の職員《しょくいん》の方《かた》もだんだん私のやり方《かた》を実行《じっこう》せらるるようになりました。もし奈良《なら》の方《ほう》においでの節《せつ》はどれだけ実相《じっそう》の世界《せかい》へ導《みちび》くことが出来ておるかどうかということを御覧下《ごらんくだ》さったら非常《ひじょう》に結構《けっこう》だと思います。

本部員《ほんぶいん》——特殊教育《とくしゅきょういく》には特別《とくべつ》な生長《せいちょう》の家《いえ》の教育《きょういく》を実施《じっし》することは必要《ひつよう》だということを、始終痛感《しじゅうつうかん》しておりますので、是非《ぜひ》一度《ど》拝見《はいけん》さして頂《いただ》きたいと思います。

音域　肉声や楽器で出すことのできる音の高さの範囲

特殊教育　身体に障害のある人に盲学校・聾学校・養護学校や特殊学級等で施した教育。平成十九年度より特別支援教育に移行した

親《おや》の教育《きょういく》が又肝要《またかんよう》である

吉田《よしだ》――是非《ぜひ》どうぞ。これは子供《こども》だけでなくて、親達《おやたち》の気分《きぶん》も導《みちび》いてやるということが、非常《ひじょう》に大切《たいせつ》であります。自分《じぶん》の家《いえ》に唖《おし》が二人《ふたり》も三人《にん》もあったり、或《あるい》は盲《めくら》があったりしますと、相当《そうとう》苦しいことだろうと思います。それについては皆《みな》かなり信仰《しんこう》ということに、心を用《もち》いておられますけれども、この「生長《せいちょう》の家《いえ》」の精神《せいしん》を親に説《と》いてやって、親達の気持《きもち》を明るくすることが、非常に大切だと思います。必《かなら》ず私は時間《じかん》の初《はじ》めに、招神歌《かみよびうた》を唱《とな》えて祈《いの》っておりますから、御家庭《ごかてい》の方《ほう》でもどうぞ、そういう気持《きもち》で祈ってやって下《くだ》さい、ということを父兄《ふけい》の方《かた》に申《もう》しました。先生《せんせい》とあなた方《がた》とこの気持《きもち》で祈って行《ゆ》きましたら、きっとこの子供達《こどもたち》も救《すく》われて来《く》るに違《ちが》いないから、どうぞそういう気持《きもち》で祈ってやって下《くだ》さい、という事《こと》を切《せつ》に勧《すす》めておるのでありま

頭注版㉖二一九頁

肝要　非常に大切なこと

す。校長《こうちょう》は生長《せいちょう》の家《いえ》に一所懸命《いっしょけんめい》だと言われても、単刀直入《たんとうちょくにゅう》、大《おお》いに父兄《ふけい》にも呼《よ》びかけるつもりです。

本部員《ほんぶいん》——今晩《こんばん》は御多用《ごたよう》の中《なか》を長時間《ちょうじかん》に亙《わた》りまして、大変《たいへん》深い御心境《ごしんきょう》、御《ご》体験《たいけん》を承《うけたまわ》りまして洵《まこと》に有難《ありがた》く存《ぞん》じます。

（昭和《しょうわ》十一年三月二日、生長の家教化部《きょうかぶ》にて）

単刀直入　一人で刀を持って敵に切り込む意より、前置きや遠回しな表現をせず、ただちに要点に入ること

第四十一巻索引

＊頻度の多い項目は、その項目を定義、説明している箇所を主に抽出した。
＊関連する項目は→で参照を促した。
＊一つの項目に複数の索引項目がある場合は、一部例外を除き、一つの項目にのみ頁数を入れ、他の項目には→のみを入れ、矢印で示された項目で頁数を確認できるよう促した。(例　「愛の教育」「神の恩」等)

〔あ〕

〔い〕

〔う〕

〔え〕

〔お〕

〔か〕

〔き〕

〔さ〕

〔し〕

〔す〕

〔せ〕

〔そ〕

〔た〕

〔ち〕

〔つ〕

〔て〕

〔と〕

〔な〕

〔に〕

〔ね〕

〔の〕

〔は〕

〔ひ〕

〔ふ〕

〔へ〕

〔ほ〕

〔ゆ〕

〔よ〕

〔ら〕

〔り〕

〔れ〕

〔ろ〕

箴言・真理の言葉

新編《しんぺん》 生命《せいめい》の實相《じっそう》 第四十一巻 教育実践篇《きょういくじっせんへん》

人間《にんげん》を作《つく》る法《ほう》(下)

令和二年七月二十日 初版発行

著　者 谷口雅春《たにぐちまさはる》

責任編集 公益財団法人 生長の家社会事業団
谷口雅春著作編纂委員会

発行者 白水春人

発行所 株式会社 光明思想社
〒一〇三―〇〇〇四
東京都中央区東日本橋二―二七―九 初音森ビル10F
電話〇三―五八二九―六五八一
郵便振替〇〇一二〇―六―五〇三〇二八

装　幀 松本 桂
本文組版 ショービ
印刷・製本 凸版印刷
カバー・扉彫刻 服部仁郎作「神像」©Iwao Hattori,1954

ISBN978-4-86700-008-3

光明思想社の本

第二十一巻　万教帰一篇　**真理の扉を開く**（下）
第二十二巻　教育篇　**「生長の家」の児童教育法**
第二十三巻　倫理篇　**永遠価値の生活学**（上）
第二十四巻　倫理篇　**永遠価値の生活学**（下）
第二十五巻　人生問答篇　**人生の悩みを解く**（上）
第二十六巻　人生問答篇　**人生の悩みを解く**（中）
第二十七巻　人生問答篇　**人生の悩みを解く**（下）
第二十八巻　宗教問答篇　**人生の悩みに答う**（上）
第二十九巻　宗教問答篇　**人生の悩みに答う**（中）
第三十巻　宗教問答篇　宗教問答続篇　**人生の悩みに答う**（下）
第三十一巻　自伝篇　**神示を受くる迄**（上）
第三十二巻　自伝篇　**神示を受くる迄**（中）

第三十三巻　自伝篇　**神示を受くる迄**（下）
　　　　　　聖詩篇　**生長の家の歌**
第三十四巻　聖語篇　**智慧の言葉**
第三十五巻　経典篇　**聖経『甘露の法雨』講義**
　　　　　　　　　　聖経『天使の言葉』講義（上）
第三十六巻　経典篇　**聖経『甘露の法雨』講義**
　　　　　　　　　　聖経『天使の言葉』講義（下）
第三十七巻　常楽篇　**久遠常楽の生活**
　　　　　　参考篇　**心が肉体に及ぼす力**
第三十八巻　質疑篇　**真理の応用及び拾遺**
第三十九巻　教育実践篇　**人間を作る法**（上）
第四十巻　教育実践篇　**人間を作る法**（中）
第四十一巻　教育実践篇　**人間を作る法**（下）

定価各巻　本体 1524 円＋税

定価は令和二年七月一日現在のものです。品切れの際はご容赦ください。
小社ホームページ　http://www.komyoushisousha.co.jp/